本书出版受京津冀协同发展河北省协同创新中心资助
河北经贸大学学术著作出版基金资助
河北经贸大学"京津冀协同发展"科研专项资助
雄安新区哲学社会科学研究课题资助

| 光明社科文库 |

雄安新区产业转型升级研究

柳天恩 ◎ 著

光明日报出版社

图书在版编目（CIP）数据

雄安新区产业转型升级研究 / 柳天恩著 . -- 北京：
光明日报出版社，2023.5

ISBN 978 - 7 - 5194 - 7307 - 5

Ⅰ.①雄… Ⅱ.①柳… Ⅲ.①产业结构升级—研究—
雄安新区 Ⅳ.①F269.272.23

中国国家版本馆 CIP 数据核字（2023）第 105212 号

雄安新区产业转型升级研究
XIONGAN XINQU CHANYE ZHUANXING SHENGJI YANJIU

著　　者：柳天恩			
责任编辑：杨　娜		责任校对：杨　茹　李佳莹	
封面设计：中联华文		责任印制：曹　净	

出版发行：光明日报出版社

地　　址：北京市西城区永安路 106 号，100050

电　　话：010-63169890（咨询），010-63131930（邮购）

传　　真：010-63131930

网　　址：http：//book. gmw. cn

E - mail：gmrbcbs@ gmw. cn

法律顾问：北京市兰台律师事务所龚柳方律师

印　　刷：三河市华东印刷有限公司

装　　订：三河市华东印刷有限公司

本书如有破损、缺页、装订错误，请与本社联系调换，电话：010-63131930

开　　本：170mm×240mm			
字　　数：201 千字		印　　张：12	
版　　次：2023 年 5 月第 1 版		印　　次：2023 年 5 月第 1 次印刷	
书　　号：ISBN 978 - 7 - 5194 - 7307 - 5			
定　　价：85.00 元			

目 录
CONTENTS

第一章

引言

2017 年 4 月 1 日，中共中央、国务院印发通知，决定设立河北雄安新区。通知指出："这是以习近平同志为核心的党中央作出的一项重大的历史性战略选择，是继深圳经济特区和上海浦东新区之后又一具有全国意义的新区，是千年大计、国家大事。"党的二十大报告要求："高标准、高质量建设雄安新区。"习近平总书记强调："雄安新区千万不能搞成工业集聚区，更不是传统工业和房地产主导的集聚区，要在创新上下功夫，成为改革先行区"，"努力打造贯彻落实新发展理念的创新发展示范区"，"努力创造新时代高质量发展的标杆"。①

雄安新区是新时代产业转型升级的试验田和样板间，其产业转型升级具有重要的时代价值和示范意义。雄安新区在产业转型升级方面先行先试的改革创新和实践探索，不仅有利于自身打造"高质量发展新动力源"和"现代化经济体系新引擎"，也可以开创国家级新区和城市产业转型升级的全新模式，为其他地区产业转型升级提供可复制、可推广的经验模式和制度创新成果。

第一节 研究背景

设立河北雄安新区，是京津冀协同发展向深度广度拓展过程中的又一重大战略布局，是我国新时代全面深化改革和扩大开放的"新地标"，是立足新发展阶段、贯彻新发展理念、构建新发展格局、推动高质量发展的全国样板，是中国式现代化在河北的重要实践场景。雄安新区的产业转型升级，要在区

---

① 马跃峰. 创新之城正拔节生长 ［N］. 人民日报，2022-04-02 (1).

域协调发展国家战略中找准定位，在改革开放新征程中担负使命，在高质量发展创新实践中探索新路，为中国式现代化贡献雄安样本。

一、区域协调发展国家战略中的雄安定位

雄安新区是京津冀协同发展向深度广度拓展中的又一重大战略布局，是北京"两翼"和河北"两翼"的共同节点，是京津冀世界级城市群的重要一极，天生具有区域协调发展的良好基因。京津冀协同发展战略的核心是有序疏解北京非首都功能。京津冀协同发展向纵深推进，需要找到"北京非首都功能疏解集中承载地"，在解决北京"大城市病"的同时辐射带动河北经济发展，缩小区际发展差距，打造以首都为核心的京津冀世界级城市群。

作为北京"两翼"的重要一翼，河北雄安新区设立的初心就是集中承接北京非首都功能疏解。河北雄安新区与北京城市副中心通州共同承担着"北京非首都功能疏解集中承载地"的重任。习近平总书记指出："建设北京城市副中心和雄安新区两个新城，形成北京新的'两翼'。这是我们城市发展的一种新选择"，"在新的历史阶段，集中建设这两个新城，形成北京发展新的骨架，是千年大计、国家大事"。①

尽管同为"北京非首都功能疏解集中承载地"，但雄安新区与北京城市副中心在承接北京非首都功能疏解方面各有侧重。北京城市副中心重点要处理好"都"和"城"的关系，更多承担着北京城市"内部功能重组"的重任。雄安新区是北京"跳出去建新城"的一次全新尝试，更多承担着"向外疏解转移"的重任。雄安新区不仅是"北京非首都功能疏解集中承载地"，还是"首都功能拓展区"。习近平总书记指出："雄安新区是党中央批准的首都功能拓展区，同上海浦东、广东深圳那样具有全国意义，这个定位一定要把握好。"②

作为河北"两翼"的重要一翼，雄安新区是河北产业转型升级的引领翼，是河北产业高质量发展的示范翼，是河北构建现代化产业体系的支撑翼。高标准、高质量建设雄安新区是河北省举全省之力推进的"三件大事"之一，

---

① 李凤双，安蓓，高敬，等．努力创造新时代高质量发展的标杆［N］．人民日报，2022-04-01（1）．

② 霍小光，张旭东，王敏，等．千年大计、国家大事：以习近平同志为核心的党中央决策河北雄安新区规划建设纪实［J］．共产党员（河北），2017，820（10）：7-12.

深入实施"两翼"带动战略是河北省"十四五"时期的重要战略部署。雄安新区的产业转型升级有利于补齐河北高端高新产业的发展短板,打造现代化经济体系的新引擎。

此外,作为京津冀世界级城市群的重要一极,雄安新区有利于调整优化京津冀城市布局和产业空间结构,重塑区域经济地理,探索出人口经济密集地区优化开发新模式,为解决"大城市病"和中心城市功能性萎缩提供中国方案。作为平衡南北方的重要战略节点,雄安新区有利于打造我国北方地区产业高质量发展的新动力源,形成高质量发展的动力系统,解决南北分化和动力极化问题,在更大空间尺度上形成优势互补、高质量发展的区域经济布局。

党的二十大报告指出:"深入实施区域协调发展战略","高标准、高质量建设雄安新区"。在深入实施区域协调发展战略中找准雄安新区发展定位,可以为雄安新区产业转型升级提供明确的方向指引。《河北雄安新区规划纲要》指出:"雄安新区作为北京非首都功能疏解集中承载地,要建设成为高水平社会主义现代化城市、京津冀世界级城市群的重要一极、现代化经济体系的新引擎、推动高质量发展的全国样板。"京津冀协同发展领导小组办公室主要负责人就雄安新区规划建设有关问题答记者问时指出:"党中央、国务院决定设立河北雄安新区,最重要的定位、最主要的目的就是打造北京非首都功能疏解集中承载地,要牢固树立和贯彻落实新发展理念,努力打造成为贯彻落实新发展理念的创新发展示范区。具体而言,雄安新区的定位包括4个,即绿色生态宜居新城区、创新驱动发展引领区、协调发展示范区、开放发展先行区。"①

二、改革开放新征程中的雄安使命

河北雄安新区是继深圳经济特区和上海浦东新区之后又一具有全国意义的国家级新区,是新时代的改革开放"新地标"。在中国改革开放的时间表和路线图中,深圳经济特区、上海浦东新区和河北雄安新区无疑是三个重要的里程碑。"八十年代看深圳,九十年代看浦东,二十一世纪看雄安"。

1980年设立的深圳经济特区,通过优惠政策,以开放促改革,开启了社

---

① 《河北雄安新区规划纲要读本》编写组.河北雄安新区规划纲要读本[M].北京:人民出版社,2018:74.

会主义市场化改革，引领了我国第一轮改革开放高潮，创造了"深圳速度"，辐射带动了珠三角地区经济快速增长，成为粤港澳大湾区经济发展"新引擎"。

1990年党中央、国务院决定开发开放上海浦东。浦东新区聚焦改革开放重点领域，开启社会主义市场经济体制的实践探索，成为全国第一个国家级新区、第一个综合配套改革试点和第一个国家自由贸易试验区，形成一系列制度创新成果，创造了"浦东奇迹"，辐射带动了长三角地区经济快速发展，成为长江经济带经济发展"新动力源"。

2017年设立的河北雄安新区是在我国进入全面深化改革和扩大开放的时代背景下设立的，需要将其规划建设放在新时代历史坐标上考量谋划，通过顶层设计和基层探索相结合，集聚高端高新产业，打造科技创新和体制机制创新高地，辐射带动京津冀地区协同高质量发展，引领未来城市发展的全新模式。

当前国内外发展环境发生了深刻复杂的变化，改革开放进入攻坚期和深水区。雄安新区肩负着新时代赋予的重要历史使命。一是从全球看，当今世界正面临"百年未有之大变局"，"逆全球化"和贸易保护主义抬头，全球产业链、供应链面临"新冠肺炎"疫情冲击，中国在向全球产业价值链高端迈进时面临发达国家的技术和市场封锁。一个时代有一个时代的价值，雄安新区要充分发挥特有的制度优势，构建社会主义市场经济条件下关键核心技术攻关新型举国体制。二是从国内看，中国特色社会主义进入新时代，经济由高速增长转向高质量发展阶段，社会主要矛盾转化为"人民日益增长的美好生活需要和不平衡不充分的发展之间的矛盾"。一个时代有一个时代的标志，雄安新区要在高质量发展方面建成全国的样板之城。三是从改革开放进程看，改革开放进入攻坚期和深水区，涉及的广度、深度和力度都前所未有，需要"啃硬骨头"和"涉险滩"。习近平总书记指出："我国是一个大国，决不能在根本性问题上出现颠覆性错误。"① 雄安新区利益牵绊少，可以在一些重点领域和关键环节进行制度创新试验，增强改革的系统性、整体性和协同性，形成可在全国复制推广的制度创新成果，确保改革开放行稳致远。

三、高质量发展创新实践中的雄安标杆

雄安新区是新时代产业高质量发展的全国样板。《河北雄安新区规划纲

---

① 中共中央党史和文献研究院. 习近平关于总体国家安全观论述摘编［M］. 北京：中央文献出版社，2018：34.

要》指出："中国特色社会主义进入新时代，我国经济由高速增长阶段转向高质量发展阶段，一个阶段要有一个阶段的标志，雄安新区要在推动高质量发展方面成为全国的一个样板。"产业是高质量发展的实体内容，产业转型升级是高质量发展的关键支撑。

雄安新区产业高质量发展是立足新发展阶段的发展。雄安新区是在我国经济进入高质量发展阶段设立的，与深圳经济特区、上海浦东新区当年设立的时代背景不同。在我国经济发展进入增速换挡、结构变化和动力转换的新发展阶段，雄安新区产业发展面临资源环境硬约束和要素成本新变化，不能再走依大规模要素投入和资源环境消耗的传统发展路径。雄安新区需要主动适应我国高质量发展的阶段性特征，推进产业发展从要素和投资驱动向创新驱动转变，从固守传统产业向培育壮大高端高新产业转变，从追求速度规模向追求质量效益转变，从注重经济增长向兼顾经济效益、社会效益、生态效益转变，探索出一条产业创新发展、绿色发展、高质量发展的新路。

雄安新区产业高质量发展是体现新发展理念的发展。习近平总书记2017年2月23日在河北省安新县实地考察时指出："牢固树立和贯彻落实新发展理念，适应把握引领经济发展新常态……建设绿色生态宜居新城区、创新驱动发展引领区、协调发展示范区、开放发展先行区，努力打造贯彻落实新发展理念的创新发展示范区。"① 雄安新区产业发展必须贯彻落实新发展理念，深化供给侧结构性改革，推动产业发展的质量变革、效率变革和动力变革，实现创新成为第一动力、协调成为内生特点、绿色成为普遍形态、开放成为必由之路、共享成为根本目的的高质量发展。

雄安新区产业高质量发展是构建新发展格局的发展。构建以国内大循环为主体、国内国际双循环相互促进的新发展格局，是基于我国发展阶段和发展条件变化做出的重大战略决策部署。构建新发展格局，既是对我国客观经济规律和发展趋势的自觉把握，也是应对外部环境变化的战略举措。雄安新区要找准自身在国内大循环和国内国际双循环中的位置和比较优势，不搞自我封闭的"小循环"，在构建跨区域产业链集群和提高产业链安全韧性上主动作为，在锻造产业链供应链长板上形成优势，在解决各类"卡脖子"和瓶颈问题上做出贡献。

雄安新区只有立足新发展阶段、贯彻新发展理念、构建新发展格局，才

---

① 本书编写组. 河北雄安新区解读 [M]. 北京：人民出版社，2017：2.

能实现产业高质量发展，为中国式现代化提供雄安新区的实践场景。雄安新区产业高质量发展的先行先试和制度创新，不仅可以为全国产业领域深化改革做试点，为扩大开放筑高地，也可以为其他地区产业转型升级贡献雄安样本，形成示范带动效应。

第二节　研究目的和价值

《河北雄安新区规划纲要》明确指出，雄安新区重点发展"新一代信息技术、现代生命科学和生物技术、新材料、高端现代服务业、绿色生态农业"等五大高端高新产业。但目前雄安新区以传统产业为主，高端高新产业面临"无中生有"和"平地起高楼"的现实困境。产业转型升级和新旧动能转换是"高标准、高质量建设雄安新区"的关键环节和重中之重。如何促进传统产业高端跃升、新兴产业集聚发展，以及传统产业和新兴产业融合发展，是雄安新区当前产业转型升级亟待解决的重大现实问题，对雄安新区"努力打造贯彻落实新发展理念的创新发展示范区"和"努力创造新时代高质量发展的标杆"具有重要的现实意义和深远的历史意义。

一、研究目的

雄安新区的设立引起了国内外学者的广泛关注。学者们基于各自的学科背景和研究基础，从不同问题导向和理论视角开展了富有成效的学术研究，取得了丰硕的研究成果。但从雄安新区产业转型升级相关研究来看，目前研究仍略显薄弱，研究成果呈现碎片化、零散化特征，尽管有不少有价值的学术观点和学术思想涌现，但整体来看相对缺乏持续性、系统性的研究成果。

雄安新区产业发展现状如何？转型升级有何特殊之处？存在哪些有利条件和不利因素？面临怎样的内外部形势？存在哪些重点难点？有哪些可能的认识误区？有什么风险需要防范？产业转型升级的实现机制是什么？如何在非首都功能承接中提升产业层次、在首都功能拓展中增强发展动能、在产业升级转移中优化产业结构？如何改造提升传统产业、促进传统产业迈上全球价值链中高端？如何促进传统产业和新兴产业融合升级？如何培育和集聚新兴产业？如何构建支撑产业转型升级的创新生态系统？如何构建跨区域产业链集群，促进与周边地区产业协同升级？如何以新发展理念引领产业高质量发展？产业转型升级的总体思路是什么？需要什么政策支持和制度保障？这些都是雄安新区产业转型升级亟待解决的关键问题，也是本书研究的主要内容。

本书以雄安新区产业转型升级为研究对象，设定雄安新区产业转型升级目标，分析雄安新区产业基础和转型升级重点难点，研究雄安新区产业转型升级实现路径，形成雄安新区产业转型升级的总体思路，提出促进雄安新区产业转型升级的政策措施和制度保障。

二、研究价值

（一）学术价值

一是从雄安新区新兴产业"平地起高楼"特征和"制度创新增长极"特质入手，揭示后发地区新兴产业集聚的触发机制、维持机制和自增强机制，以及各种机制的动态转换，为政府嵌入新兴产业集聚过程实现技术赶超和路径创造提供理论依据。

二是在"双循环"新发展格局背景下，将全球价值链与地方产业集群升级联系起来，为跨区域产业链集群构建和地方产业集群升级的理论创新做出边际贡献。

三是统筹产业发展和安全，将现实中可能存在的微观和宏观经济风险，作为重要因素纳入雄安新区产业转型升级的理论分析中，抓住理论研究长期忽视的产业转型升级安全和风险防范问题，确保"千年大计"万无一失。

（二）应用价值

一是全球价值链视角下揭示雄安新区传统产业转型升级路径。通过考察雄安新区产业基础、发展条件和制度环境，提出雄安新区传统产业沿着全球价值链的攀升路径。

二是模块化视角下揭示雄安新区传统产业与新兴产业融合发展路径。通过产业融合升级，实现雄安新区产业结构动态调整和新旧动能顺畅转换。

三是在深入分析雄安新区产业发展现状基础上，提出产业转型升级的总体思路、实现路径、政策建议和制度保障，为中央和地方政府推进雄安新区产业转型升级提供决策参考。

第三节　研究思路和框架

一、研究思路

以雄安新区产业转型升级为研究对象，按照"设定产业转型升级目标→构建理论分析框架→分析产业转型升级现状→总结产业转型升级重点难点→识别产业转型升级风险→揭示产业转型升级实现机制→提出产业转型升级总体思路→提炼产业转型升级路径选择→给出产业转型升级政策建议"的逻辑开展研究。

二、研究框架

本书主要研究内容包括以下四个方面。

一是产业转型升级的理论分析框架。设定雄安新区产业转型升级目标，梳理产业转型升级相关理论，分析相关理论在雄安新区的适用性。从中国转型期特征、京津冀协同发展特点、雄安新区新兴产业"平地起高楼"的特性和"制度创新试验田"的特质入手，提炼雄安新区产业转型升级的理论创新之处，揭示雄安新区产业转型升级的实现机制，为雄安新区产业转型升级提供理论指导和决策依据。

二是雄安新区产业转型升级现状分析。考察雄安新区产业的发展基础、发展条件、发展定位和空间布局，分析雄安新区产业转型升级的特殊性和面临的形势，甄别雄安新区产业转型升级存在的重点难点，纠偏产业转型升级的认识误区，识别并防范产业转型升级可能存在的潜在风险。

三是雄安新区产业转型升级的实现机制。从承接北京非首都功能疏解和产业转移、传统产业转型升级和产业融合发展、新兴产业集聚和区域协调发展、支撑产业转型升级的创新生态系统构建等四个方面揭示雄安新区产业转型升级的实现机制。

四是雄安新区产业转型升级的路径选择和政策建议。明确产业转型升级的总体思路、基本要求和基本原则，分析雄安新区产业转型升级的路径选择，提出支持雄安新区产业转型升级的政策建议和制度保障，为中央和地方政府推进雄安新区产业转型升级提供决策参考。

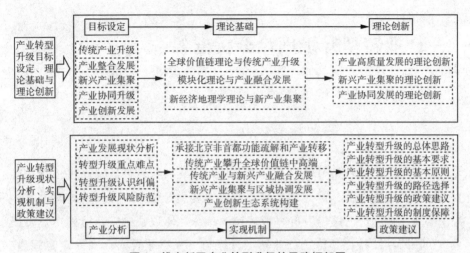

图1 雄安新区产业转型升级的思路框架图

第二章

产业转型升级理论分析框架

雄安新区产业转型升级既具有普遍性，又具有特殊性。普遍性体现在雄安新区作为后发地区，产业结构转型升级也要遵循配第一克拉克定理、库兹涅茨事实、全球价值链攀升等一般规律。特殊性体现在雄安新区的产业发展具有阶段跨越性特征，传统产业转型升级与新兴产业导入存在一定时间差，五大高端高新产业与本地要素结构不匹配，新兴产业集聚不能按部就班，要在理论上有所创新，在实践上探索出一条创新发展、协调发展和高质量发展的新路。

第一节　产业转型升级的内涵类型和目标设定

随着我国进入新发展阶段，加快产业转型升级和促进产业高质量发展已经成为共识。但对产业转型升级的内涵和类型，无论是学术界还是政府部门，认识上还存在明显差异。只有准确把握产业转型升级的内涵和类型，才能科学设定产业转型升级的目标导向，构建适宜的理论分析框架，进而科学指导雄安新区产业转型升级的创新实践。

一、产业转型升级的内涵

关于产业转型升级的内涵，目前学界有四种颇具代表性的观点。

第一种观点是从产业结构演进的角度出发，认为产业转型升级就是产业结构的合理化和高度化，进而采用三次产业在国民经济中所占比重、制造业与服务业的相对比重、战略性新兴产业与传统制造业的相对比重等作为评价产业转型升级的重要标准。

第二种观点是从产业要素密集度变化的角度出发，认为产业结构内生于要素禀赋结构，产业随着要素禀赋结构的升级而升级。这种观点把产业转型升级视为资本和技术密集型产业逐步取代劳动密集型产业的过程，进而把资本和技术密集型产业比重提高作为评价产业转型升级的关键标准。

第三种观点是从产业进出口结构变化的角度出发，认为产业转型升级就是贸易结构从加工贸易为主转变为一般贸易为主，从服务外包为主转变为逆向外包为主，从原材料和一般制成品出口为主转变为高新技术产业出口为主。这种观点把出口中一般贸易比重或高新技术产业比重等作为评价产业转型升级的核心标准。

第四种观点是从全球价值链的角度出发，认为产业转型升级就是国家、地区或企业从全球价值链中低端环节向中高端环节攀升，从代工、贴牌为主转变为自主研发设计和自主品牌为主，提高产业技术含量和附加价值，进而把产业在全球价值链中的分工地位和出口产品的技术含量等作为评价产业转型升级的标准。

对于产业转型升级认识上的不一致，容易引发政策上的偏差和摇摆，给地方产业转型升级带来一系列的风险和挑战。为避免概念上的混乱和政策上的偏差，必须对产业转型升级概念有一个清晰的认识。产业转型和产业升级含义相近，但又各有侧重，应该分开理解。

产业转型主要是指随着比较优势和要素禀赋结构的动态转换，一国或地区产业从一种类型转变为另一种类型，主要包括行业结构转型、要素禀赋结构转型、贸易结构转型和发展方式转型四种类型。

产业升级主要是指在科技创新和制度创新双轮驱动下，一国或地区产业沿着全球价值链不断从低端环节向中高端环节攀升，从低附加值、低技术含量的生产加工为主，向高附加值、高技术含量的研发、设计、标准、专利、品牌、营销、服务、关键零部件等环节为主转变。

表 2-1　产业转型升级的内涵和类型

	内涵		类型
产业转型	产业从一种类型转变为另一种类型	行业结构转型	比如三次产业结构从"一二三"结构转变为"三二一"结构，主导产业从制造业为主转变为服务业为主、从传统制造业为主转变为战略性新兴产业为主等
		要素结构转型	比如产业从劳动密集型和资源密集型产业为主转变为资本密集型和技术密集型为主，从轻工业为主转变为重工业为主等
		贸易结构转型	比如出口从加工贸易为主转变为一般贸易为主，从服务外包为主转变为逆向外包为主，从货物贸易为主转变为技术贸易、服务贸易为主等
		发展方式转型	产业发展从数量规模扩张型发展方式转变为质量效益提升型发展方式，从要素投资驱动型发展方式转变为创新驱动型发展方式，从出口导向型发展方式转变为内需拉动型发展方式，从高投入、高污染、低效益的粗放发展方式转变为低投入、低排放、高效益的绿色高效发展方式等
产业升级	产业技术含量、附加价值、质量效益、分工地位的提升	流程升级	包括对生产流程进行重组，或引进智能制造和柔性制造技术，从而提高投入—产出转化效率
		产品升级	包括引入更为先进的生产线，推进产品质量变革和定制生产，满足消费升级和产品差异化需求
		功能升级	包括获得新的功能（或放弃现有功能），比如从加工制造环节转向研发、设计、品牌、营销等环节，以提高生产活动的总体技术含量和附加价值
		跨部门升级	包括企业进入新的但往往与已有产业相关的行业，比如从自行车行业进入摩托车行业，从传统能源行业进入新能源行业
		融合升级	利用新技术、新产业、新业态、新模式改造提升传统产业，实现产业深度融合发展，形成产业竞争新优势，如信息化与工业化融合、制造业与服务业融合、军民融合、互联网+等。

资料来源：作者整理

二、产业转型升级的类型

在借鉴现有学者关于产业转型和产业升级分类的基础上，结合新一轮科技革命和产业变革趋势，将产业转型划分为行业结构转型、要素结构转型、贸易结构转型和发展方式转型四种类型，将产业升级划分为流程升级、产品升级、功能升级、跨部门升级和融合升级五种类型。

（一）产业转型的四种类型

产业转型主要包括行业结构转型、要素结构转型、贸易结构转型和发展方式转型四种类型。

行业结构转型是指三次产业结构的转变、产业内行业结构的转变、行业内产品结构的转变等，比如产业结构从"一、二、三"转变为"三、二、一"，主导产业从制造业为主转变为服务业为主，制造业内部由传统制造业为主转变为战略性新兴产业为主等。

要素结构转型是指随着要素禀赋结构变迁，主导产业从劳动密集型和资源密集型产业为主转变为资本密集型和技术密集型产业为主，从轻工业为主转变为重工业为主。

贸易结构转型是指随着一国要素禀赋和比较优势的变化，出口结构从"两头在外、中间在内"的加工贸易为主转变为一般贸易为主，从服务外包为主转变为逆向外包为主，从货物贸易为主转变为技术贸易、服务贸易为主等。

发展方式转型是指产业发展从数量规模扩张型发展转变为质量效益提升型发展，从要素投资驱动型发展转变为创新驱动型发展，从出口导向型发展转变为内需拉动型发展，从高投入、高污染、低效益的粗放式发展转变为低投入、低排放、高效益的绿色高效发展等。

（二）产业升级的五种类型

产业升级主要包括流程升级、产品升级、功能升级、跨部门升级和融合升级五种类型。

流程升级是指通过对生产流程进行重组，或引进智能制造和柔性制造技术，或利用信息技术优化生产制造环节，从而提高投入—产出转化效率。

产品升级是指通过引入更为先进的生产线和机器设备，推动产品质量变革、效率提升和类别增加，满足消费升级和产品差异化需求。尤其是随着我国消费升级，居民对产品的质量和功能有了更高的要求。深化供给侧结构性改革，化解传统产业过剩产能，关键就在于抓住新一轮科技革命带来的机遇，提升产品质量等级和经济效益，扭转我国产品质量低端的形象。

功能升级是指通过获取新的功能（或放弃现有功能），比如从加工制造环节转向研发、设计、品牌、营销等环节，来提高生产活动的总体技术含量和附加价值。

跨部门升级是指从一个行业跨入另一个行业，新进入的行业通常与已进入的行业相关，比如从自行车行业进入摩托车行业，从传统能源行业进入新能源行业，从传统零售领域进入电子商务领域等。

融合升级是指利用新技术、新产业、新业态、新模式改造提升传统产业，实现产业深度融合发展，快速形成产业竞争新优势。比如，通过信息化与工业化融合、制造业与服务业融合、军民融合、互联网+等，提升产业竞争力。

三、产业转型升级的目标设定

基于产业转型升级的内涵和类型，本书将雄安新区产业转型升级的目标设定为五个方面。

一是如何促进传统产业迈上全球价值链中高端。传统产业沿着全球价值链依次进行流程升级、产品升级、功能升级和跨部门升级。后发国家和地区沿全球价值链进行流程升级和产品升级相对容易实现，但功能升级和跨部门升级常会受到全球价值链"链主"的阻碍而陷入"低端锁定"困境。

二是如何促进传统产业和新兴产业融合发展。以模块化等方式嵌入全球价值链，是产业融合升级的重要方式，有助于打破"低端锁定"，促进产品升级、流程升级向功能升级、跨部门升级的阶段跨越，并助推传统产业和新兴产业融合发展。

三是如何促进战略性新兴产业融合集群发展。新兴产业集聚是雄安新区产业结构得到优化的标志性特征。雄安新区产业基础薄弱，五大高端高新产业面临"无中生有"和"平地起高楼"的困境。破解上述难题，需要形成新兴产业集聚的触发机制和正反馈作用机制，推动战略性新兴产业融合集群发展。

四是如何促进产业协同升级。雄安新区是京津冀地区两个"两翼"的共同节点、北方地区高质量发展的新动力源、我国现代化经济体系的新引擎，其产业转型升级需要考虑与周边地区协同发展和跨区域产业链构建等问题。

五是如何构建支撑产业转型升级的创新生态系统。雄安新区是"创新驱动发展引领区"和"高端高新产业核心区"。加快构建支撑产业转型升级的创新生态系统,是雄安新区产业创新发展、绿色发展和高质量发展的关键所在,是雄安新区产业转型升级的根本动力。

第二节 雄安新区产业转型升级的理论基础

雄安新区的产业转型升级要基于自身的产业基础和发展条件,遵循产业发展的一般规律。比如,传统产业转型升级要遵循全球价值链理论,传统产业与新兴产业融合发展要遵循模块化理论,新兴产业集聚发展要遵循新经济地理学理论。同时,上述理论发端于西方发达国家,在指导雄安新区产业转型升级实践时一定要注意理论的适用性,分析其前提条件和暗含假设,考虑雄安新区在制度背景、产业基础、发展阶段、技术条件、禀赋结构等方面存在的异质性,不能生搬硬套国外已有理论。

一、全球价值链理论与传统产业升级

全球价值链是在全球商品链、国际生产外包、任务贸易、序贯生产、产品内分工等概念基础上提出来的,用以反映全球价值链下产品跨国生产的广泛性、产品内分工的复杂性和中间品贸易的普遍性,以及不同企业、地区和国家在新型产业分工中的相对位置、价值创造和价值获得。全球价值链理论为后发国家和地区传统产业转型升级提供了一个基本分析框架,为后发国家和地区参与全球产品内分工和攀升全球价值链中高端提供了理论指导和路径指引。

(一)全球价值链的理论溯源

在开放经济中,一个国家或地区的产业结构内生于要素禀赋结构,并受到国际或区际产业分工的影响。研究产业结构转型升级,有必要简单回顾一下产业分工的理论演进。随着产业分工从早期的产业间垂直分工、产业内水平分工向产品内价值链分工形态转变,与之对应,产业分工理论也从最初的比较优势理论(产业间分工理论)、新贸易理论(产业内分工理论)向全球价值链理论(产品内分工理论)转变。

比较优势理论可以用于解释产业间分工与贸易。最早解释国际产业分工的理论是亚当·斯密的绝对优势理论,其理论内核是分工可以提高生产效率,每个国家都集中生产自身具有绝对优势的产品,交换对方具有绝对优势的产品,通过分工贸易实现双方福利水平的增进。但绝对优势理论过于绝对,可视作比较优势理论的一个特例。如果一个国家在所有产业领域都不具有绝对优势,这种产业分工模式就难以用绝对优势理论进行解释,而比较优势理论可以很好地进行解释。

比较优势理论的创始人是大卫·李嘉图,其核心思想是每个国家都应集中生产优势较大或者劣势较小的产品,按照"两优取大优、两劣取小劣"的原则参与分工,这样的产业分工格局对贸易双方都有利。相对于绝对优势理论,这种国际产业分工模式更具有普遍意义。即便一个国家在所有产品生产上的劳动生产率都不如另一个国家,也可以通过集中生产劣势较小的产品来获得专业化分工带来的好处,这比封闭经济好处要大。然而,大卫·李嘉图的比较优势理论将分析的基点放在劳动生产率(生产技术)的差异上,没有进一步解释造成各国劳动生产率差异的背后原因,这种单要素模型明显忽视了劳动力以外的生产要素以及规模经济等在产业分工与贸易中的作用。

要素禀赋理论本质上仍然是广义的比较优势理论,是对大卫·李嘉图理论的进一步发展。赫克歇尔和俄林的要素禀赋理论克服了大卫·李嘉图单要素模型的理论缺陷,从生产要素比例的差别而不是劳动生产率(生产技术)的差别出发,对产业间分工进行解释。要素禀赋理论认为,各国要素禀赋结构的相对差异是产业分工与贸易的基础,一国应该出口由本国相对丰裕生产要素所生产的产品,进口由本国相对稀缺生产要素所生产的产品。然而,这种长期占据贸易理论中心位置的要素禀赋理论,在实证检验中又经常得不到有力的证据支持,最著名的例子就是"里昂惕夫之谜"。为了解释"里昂惕夫之谜",诞生了要素密集度转换理论(比如美国出口的农产品可能是资本密集型,中国出口的电子通信产品可能是劳动密集型)、新要素贸易理论(把要素扩展到人力资本、技术、数据等)、技术差距理论、偏好相似理论等多个理论学说。

由绝对优势理论、比较优势理论和要素禀赋理论等构成的传统贸易理论,可用国家间的差异特别是要素禀赋结构的差异来解释国际产业间的分工格局。然而,20世纪60年代之后国际贸易出现了新趋势,更多的贸易发生在要素禀赋结构相似的工业化国家之间。为了解释这种产业内贸易现象,以克鲁格曼、赫尔普曼和格罗斯曼等为代表的学者提出了新贸易理论。新贸易理论改变了新古典贸易理论关于规模报酬不变和市场完全竞争的前提假设，从规模经济和母国市场效应等方面对产业内分工进行了解释。新贸易理论指出，"历史和偶然"为产业分工埋下了种子，规模报酬递增则不断强化着现有产业分工格局。产业分工格局一旦形成，就具有很强的"锁定"效应和路径依赖特征。打破路径依赖需要很强的政策冲击和预期引导。当把规模经济和母国市场效应（本地市场效应）移植到区域产业分析中时，就诞生了新经济地理学理论（产业集聚理论）。克鲁格曼等学者同时作为新贸易理论和新经济地理学理论的代表性人物，把国际分工和区际分工统一在了一个理论框架下进行研究，是一个重大的理论进步。

随着经济全球化深入发展，国际产业分工越来越细，生产迂回化程度越来越高，产品内分工和中间品贸易成为国际分工中一个引人瞩目的新特征。产品内分工主要表现为产品生产过程被不断分割、切片和模块化，并将不同工序、区段、环节、模块拆分到不同的国家进行生产，形成以工序、区段、环节、模块为对象的新型分工体系。这种现象引起了经济学者和管理学者的极大关注，经济学大多采用计量模型等实证研究方法开展研究，管理学大多采用案例分析等质性研究方法开展研究，形成了基于不同的学科背景和研究方法的理论成果。全球价值链理论是研究产品内分工的集大成者，为经济学和管理学的跨学科研究搭建了"桥梁"，同时也将产业分工理论和产业升级理论统一在了一个分析框架之内。全球价值链理论为后发国家和地区传统产业转型升级提供了一个基本分析框架，为后发国家和地区参与全球产品内分工网络和攀升全球价值链中高端提供了理论指导和路径指引。

（二）全球价值链下的产业升级路径

从全球价值链视角看，产业升级主要包括流程升级、产品升级、功能升级、跨部门升级和融合升级五种类型。流程升级是指以新的生产方法提高产品生产效率；功能升级是指占据"微笑曲线"两端更高附加值的功能环节；产品升级是指生产性能更高的新产品；跨部门升级（链条升级）是指进入新的技术行业；融合升级是指实现传统产业和新兴产业融合发展和协同升级。

在全球价值链中，企业（产业）借助全球生产网络和产品内价值链分工体系获取技术进步和市场联系，进而实现技术水平、生产效率和价值获取能力的提升。后发国家或地区通过全球价值链中的动态学习和创新机制，可以不断提升产业技术能力和夯实产业发展基础，改善自身在全球价值链分工中的地位。全球价值链下的贸易、投资、知识流动为后发国家和地区攀升产业中高端提供了重要途径。

（三）后发国家或地区面临的产业升级阻滞

后发国家或地区嵌入全球价值链，流程升级和产品升级相对容易实现，但功能升级和跨部门升级（链条升级）在受到发达国家阻碍的情况下可能会陷入"低端锁定"困境。这是因为，后发国家（或地区）在基于劳动力成本的比较优势、技术落差的后发优势缩小与发达国家（或地区）产业差距之后，二者的产业互补性下降，产业竞争性上升。发达国家（或地区）为了维护自身在全球价值链的主导权和利益分配权，会对后发国家（或地区）进行技术打压、市场封锁和产业围堵。这正是后发国家（或地区）产业"低端锁定"的重要原因。

以模块化等方式嵌入全球价值链，是产业融合升级的重要方式，有利于打破"低端锁定"困境和跳出"比较优势陷阱"，促进产业向全球价值链中高端跃升，进而更顺畅地实现功能升级和跨部门升级，并助推传统产业和新兴产业融合发展。

（四）模块化助力产业升级的阶段跨越

模块化是将复杂系统分解成为若干相对简单、具备独立功能、能够独立进行的单元的过程。模块化本质上是将细化的产品内价值链分工重新整合起来，将专业化知识"封装"并以标准化接口连接，以提高组织效率和生产效率。例如作为制造业"明珠"的芯片产业，其研发、设计、制造、测试、组装、封装和分销都需要大量投资，同时要求提高效率和降低成本。当每个环节进行模块化之后，单个企业就可以围绕一个模块持续发力，既能享受到分工带来的规模经济和成本降低，也能享受到专业化带来的技术进步和效率提升，有助于实现流程升级和产品升级。

企业将自身的知识"封装"在模块内部，可以提高技术含量和附加价值，避免被全球价值链主导者"俘获"。模块化带来全球价值链分工模式的转变，有助于后发地区在模块化生产中形成研发设计能力，实现功能升级。模块化生产商依托自身的核心技术，可以创造不同价值链所需的模块，同样有助于实现跨行业升级（链条升级）。某一产品模块的创新可能带来整个产品的更新换代，并基于产业技术关联或需求应用关联培育出新的产业类型，实现新兴产业和传统产业的融合升级。

二、模块化理论与新旧产业融合发展

在全球价值链中，模块化日益成为产业分工新的组织方式，成为未来产业融合发展的重要趋势。模块化为后发地区传统产业和新兴产业融合发展提供了新的研究视角和分析框架。模块化打破了传统产业和新兴产业简单的"二分法"，使得经济分析从产业层面深入产品的价值构造及其形成过程。传统产业和新兴产业不再是两个独立的系统，两者可以在价值创造过程中产生交叉重叠和融合共生。

（一）模块化下的全球价值链变革

模块化对全球价值链的重塑根源在于模块化本身的技术、信息特征及其对企业组织的影响。全球价值链的本质是产品价值在不同环节的分割，由此形成的分工和治理模式必然受到模块化带来的企业组织变迁影响。

从分工模式来看，在全球价值链下跨国公司主导产业空间布局，同一产品的不同生产环节在全球范围内寻找最佳区位，相同生产环节则在规模经济驱动下在某一地区集聚，形成"大范围分散、小范围集中"的产业分布特征。模块化部分改变了这种分工方式，使得产品价值链上原来分工明确的各个环节之间开始相互渗透和整合。全球价值链依次由研发、设计、零部件、加工制造、组装、销售、品牌和服务等各个环节组成。模块化使得原来的零部件、加工制造、组装等环节融合，形成各个功能模块的生产。这些"半自律"模块的生产本身也需要融入一定产品设计、研发要求，以实现自身功能优化。

从治理模式来看，模块化促使全球价值链治理模式发生变化。在模块化的信息架构中包含着两类信息。一类是模块间"看得见的信息"，用以解决子系统间连接、组合标准问题。另一类是模块内部"看不见的信息"，用以实现子系统内部的设计和优化。当"看不见的信息"被"封装"进模块内部，各个模块本身具备了一定的功能和技术能力。同时，各模块之间、模块与系统集成之间的信息沟通、技术依赖大大减少，从而降低了价值链治理的信息荷载和交易成本，大幅提高了交易效率，促使全球价值链治理模式从"科层型""准科层型"向"网络型""市场型"转化。与"科层型""准科层型"治理模式相比，"网络型""市场型"更多是以市场交易方式进行，价值链上不同企业之间的地位更加平等。各个模块的功能和技术提升使得参与全球价值链分工的企业能够获得更多的价值链权利分配，并避免被价值链支配者"俘获"。

（二）模块化下的产业升级

模块化对产业发展的促进作用已经在学术界形成基本共识，主要体现在三个方面。一是模块化通过促进技术创新助力产业升级。技术"封装"在模块内部，提升了产品的技术含量和附加价值。企业通过模块化的技术攻关，有利于实现突破式技术创新。二是模块化通过新的分工和组织形式助力产业升级。模块化有利于促进产品内分工深化，提升分工效率。模块化可以带来组织形式改变，模块的再整合可以降低知识技术壁垒，形成新的产业竞争格局，进而实现产业升级。三是模块化为后发国家或地区进入新兴产业价值链提供了机会。数字化模块可以使高端高新产业的复杂技术相对标准化，降低了高端高新产业的进入门槛，使其相对容易地进行技术学习和知识传递。数字技术和互联网平台将各个分散的模块有效连接，实现同步迭代和共同提升。

此外，模块化还能为地方产业集群升级提供创新激励。传统制造业集群大部分以中小企业为主，集群内某个企业的创新会被其他企业迅速低成本模仿。这在促进集群内知识溢出的同时，也降低了中小企业自主创新的内在动力，并有可能导致集群的低端技术锁定。解决这一问题的方式之一是培育集群内的龙头企业，利用龙头企业和其他企业的技术落差来维持创新动力，并形成围绕龙头企业进行关联配套的产业集群。模块化下的全球价值链分工涵盖了生产、设计领域，并利用技术"封装"减少不必要的知识外溢，企业可以将技术创新的收益内部化，抑制集群内企业创新"搭便车"的行为，增强企业技术创新的积极性和主动性。

（三）模块化促进两类产业融合的动力机制

在微观经济学中，消费者、厂商对替代性商品、要素的选择依据边际收益与边际成本的对比。在新兴产业与传统产业的替代关系中，模块化能够改变相关产品的收益与成本，提供观察两类产业关系的特殊视角。在产品架构方面，模块化意味着产品的某些局部变革就能形成新产品；在生产过程方面，模块化将价值链进行切割、重组，形成更加细密的价值网络，新旧产业间底层关联强化。这两个变动提供了处理传统产业与新兴产业关系融合发展的新思路。传统产业与新兴产业融合发展的动力、机制与路径可以用下图表示。

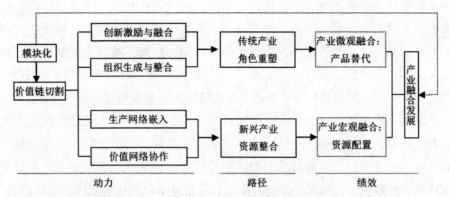

图2 模块化视角下传统产业与新兴产业融合发展的动力、机制与路径

区别于互动、耦合、协同关系,融合的概念不是把传统产业和新兴产业看成两个相互独立的系统,而是强调二者间的相互嵌入与整体性。新兴产业可以视作原有产业价值网络上某些节点的突变。新兴产业仍然处于产业价值网络之中,但引入了新产品、新要素和新生产方式。在网络化视野中,模块化能够为传统产业与新兴产业融合发展提供内在动力。这种动力的根源在于模块化的价值链拆分能力,并演绎出推动传统产业与新兴产业融合的几种内在动力。

第一,创新激励与融合。模块化对产品价值链进行标准化拆分,各个模块具有相对独立的经济利益,模块的"技术封装"特征有利于将创新收益内部化,为产业融合升级提供创新激励。模块化理论视角下,传统产业升级并不必然要求产品的全面革命,产品模块的创新也能够形成新兴产业。例如,新能源汽车是传统汽车动力系统的革新,新能源、新材料对传统能源、传统材料的替代必须以某些产品模块、生产环节为载体。因此,模块化下的创新能激励促进传统产业与新兴产业在产品上的融合。

第二,组织生成与整合。模块化生产使得社会价值网络拆分、重组,并在社会组织方面产生相应影响。在传统产业向新兴产业转型过程中,模块化组织提供了灵活的组织样式。一方面,模块化的"信息包裹"特征降低了企业间的交易成本,使得生产环节更容易发生分离,形成可以作为独立市场主体的新企业。另一方面,联系紧密的生产环节可以为追求规模经济效益而兼并重组。

第三,生产网络嵌入。由于模块化对全球价值链的拆分,发展新兴产业无须构建全新的生产系统,只需在已有的传统产业价值网络基础上,形成新的价值模块，并嵌入社会生产网络。例如，新一代信息技术产业可以依托原有的零部件供应、技术支持、基础设施、市场渠道等社会网络。对于提供中间产品的新兴产业，传统产业为其提供了广阔的市场，模块化能够使其直接嵌入传统产业网络。对于提供最终产品的新兴产业，可以借助模块化方式，整合传统产业中的价值模块，为产能迅速提升与产业规模形成创造条件。

第四，价值网络协作。在生产网络之外，流通、消费也是产品价值实现的重要环节，相互关联的经济主体形成更为广阔的社会价值网络。模块化提高了产品的可分割性，具有独立经济利益的企业逐渐成立，增加了社会价值网络的节点数量。按照网络经济理论，节点数量与经济效益之间呈指数关系，这意味着模块化所起到的分工细化作用能够迅速增加整体经济效益。这对于传统产业改造升级与战略性新兴产业发展中的风险抑制具有重要意义。一方面，传统产业的细分产品能够更加广泛地参与到经济系统，市场规模得以扩展，已经形成的知识积累、生产能力可以更加灵活地参与社会协作。另一方面，如果战略性新兴产业专注于某一产品模块、生产环节，而不是整个产业系统，即使无法获得商业成功，其损失及影响也相对有限。

（四）模块化促进两类产业融合的路径

模块化通过价值链拆分，为传统产业与新兴产业融合发展提供了内在动力。从动力到目标，模块化促进传统产业与新兴产业融合发展有赖于两条路径。

第一，传统产业的角色重塑。如果依据产业划分标准将传统产业和新兴产业看作两个独立系统，新兴产业是传统产业的替代者，两类产业间是竞争关系。在模块化视角看来，如果将两类产业看作一个价值网络系统，新兴产业对传统产业的替代则可以在企业内部进行，传统产业不仅成为新兴产业培育和发展的支持者，而且能够重塑传统产业自身的竞争力。根源于模块化带来的价值链细分和创新激励，作为模块供应商的传统产业将竞争力集中于某一模块的生产和创新，作为模块集成商的传统产业将专注于界面标准和产品的创新，新兴产业将在传统产业内部孕育。在经济组织的生成和整合激励上，新兴产业相关组织的形成，或者产生于传统产业组织内部，或者由相关企业通过战略联盟设立。新企业不再是从零开始，而是站在传统产业的技术、资金支持上创生。传统产业与新兴产业之间之所以能够由竞争、替代关系转化为合作、互生关系，根源于模块化带来的利益协调机制。模块化视角下，创新、设立新企业、发展新兴产业成为传统产业中企业追求利润最大化的诉求而非障碍，这避免了新旧产业的割裂与对立，在微观上实现了两类产业融合发展。

第二，新兴产业的资源整合。产业的兴衰内在包含了资源在不同产业之间的流动，产业生命周期的不同阶段也暗示了产业整合资源能力的变化。一个产业从孕育到发展壮大，需要不断整合资源，构建服务自身的经济生态。模块化能够为新兴产业整合资源提供极大便利。由于模块化对价值链的拆分，新兴产业能够通过嵌入传统产业生产网络迅速实现规模扩张。反过来看，在这个过程中作为价值网络节点"突变"的新兴产业也从整个经济系统中吸收、整合资源。土地、资本、劳动等要素从传统产业转移入新兴产业，实现资源的有效配置。模块化促进了更加细密的社会分工网络的形成，新兴产业能够在更加广阔、节点密集的社会网络中参与协作，资源整合的维度、空间得以拓展，经济生态迅速建立。新兴产业发展将更多依赖于整个分工系统，经济绩效、发展速度提升。由于利益关系理顺和协作机会增多，资源在新旧产业间流动障碍减少，资源配置效率提高，在宏观上实现传统产业与新兴产业的融合发展。

三、新经济地理学理论与新兴产业集聚

产业在地理空间上的非均衡分布，在全球范围都是一个典型特征事实。产业缘何会集聚于某地，这引发了经济学家的长期思考。新经济地理学为产业集聚提供了相对成熟的分析框架。

（一）新经济地理学的理论溯源

作为经济发展过程中的普遍现象，产业空间集聚很早就引起了经济学家的关注。马歇尔较早阐释了产业集聚的三个可能来源：信息溢出、中间品投入和劳动力市场共享。马歇尔之后，韦伯的工业区位理论、佩鲁的增长极理论、俄林的新古典贸易理论、辛茨的孵化器理论、斯考特的新产业区理论从不同角度对产业集聚现象进行了解释。但直到新经济地理学的诞生，产业集聚才有了较为严谨的一般分析范式。克鲁格曼等人在 Dixit-Stigliz 模型（简称 D-S 模型）基础上以报酬递增、垄断竞争和"冰山"运输成本为前提假设构建模型，引入空间因素，成功解释了产业集聚的内生机制。克鲁格曼 1991 年创建的中心—外围模型（即 CP 模型，也称"核心—边缘模型"）是新经济地理学的开山之作。后来学者在克鲁格曼的 CP 模型基础上通过修改前提假设

和放松约束条件，拓展形成了 DCI、OTT、BEJK 三大理论分析框架①和 FC、FE、CPVL、FCVL、CC、GS、LS、LFC、LFE 等系列理论模型②，不断丰富和完善新经济地理学的理论体系。鲍德温等学者 2006 年将企业异质性理论引入新经济地理学模型，形成了"新"新经济地理学理论。实际上，"新"新经济地理学理论引入"企业异质性"只是对原有新经济地理学模型前提假设的一个改变，使得理论更加贴近现实，本质上仍属于广义的新经济地理学研究范畴。

（二）新经济地理学关于产业集聚的核心思想

根据新经济地理学理论，由于历史或偶然的因素，某产业在一个地区集中，之后就会在"累积循环因果链"的作用下自我强化，形成路径依赖。规模经济、外部性、本地需求和运输成本是累积循环机制发生的基础，它们相互作用促使某产业长期锁定在一个地区，形成"中心—外围"结构。但这并不是绝对的，政策冲击、外部扰动和预期的作用会打破原有均衡，在外围地区形成新的产业集聚中心。当产业集聚达到某一阈值，会形成产业拥挤效应，带来产业扩散和要素外流。在扩散效应大于集聚效应之前，产业集聚会引起区际差距扩大，政府公共政策需要在产业集聚带来的动态效率和空间不平等之间进行权衡。

（三）新经济地理学关于产业集聚的动力机制

大量理论和实证研究表明，产业集聚态势一旦形成，就会在缪尔达尔"累积循环因果链"的作用下自我强化，其中规模经济是累积循环因果效应发挥作用的关键。规模经济源于报酬递增，报酬递增则源于外部性。

外部性包括"金融外部性"和"技术外部性"。其中，"金融外部性"是指由于本地需求、产业关联和劳动力共享带来的规模经济好处。"技术外部性"是指由于知识技术溢出带来的产业生产率的提高。大量关联配套的企业在地域空间上集中，可以通过共享机制共用基础设施和劳动力池，通过匹配

---

① DCI 框架包含了 D-S 垄断竞争的市场结构、CES 效用函数、冰山运输成本、消费者多样化偏好、规模报酬递增、产品间的替代弹性、成本加成定价等。OTT 框架是 Ottaviano 等建立的一个基于拟线性二次函数的分析框架。BEJK 框架是 Bernard 等人在研究"新"新贸易理论时发展起来的，与上述两种框架中差异化产品竞争不同，BEJK 框架中是同质产品的价格竞争。

② FC 是自由资本模型，FE 是自由企业家模型，CPVL 是垂直核心-边缘模型，FCVL 是垂直自由资本模型，CC 是资本创造模型，GS 是全域溢出模型，LS 是局域溢出模型，LFC 是线性自由资本模型，LFE 是线性自由企业家模型。

机制降低劳动力转换成本，通过学习机制促进缄默知识交流和技术外溢，通过竞争机制保持企业创新活力，通过协调机制降低企业交易和违约成本。

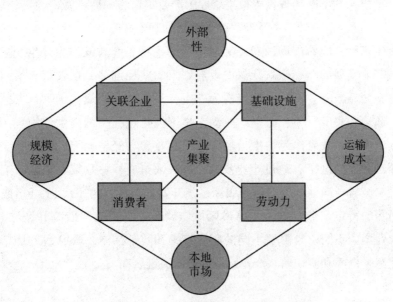

图3 雄安新区新兴产业集聚的正反馈作用机制

由于运输成本的存在，产业通常集中布局在本地市场需求较大的地区，向市场需求较小的地区出口产品，以获得规模经济和正外部性。规模经济、外部性、本地需求和运输成本是累积循环机制产生作用的基础，它们相互作用促使某产业长期锁定在一个地区，形成路径依赖。

（四）新经济地理学关于产业集聚模式

专业化集聚和多样化集聚是两种典型集聚模式，但学界关于哪种集聚模式更有利于创新发展仍存在一些争论。专业化集聚多发生于成熟的传统产业和中小城市，强调金融外部性（马歇尔外部性）、市场垄断竞争和单产业集聚，以便充分发挥规模经济带来的成本节约和效率提升，缓解因传统产业要素密集度转换（从知识技术密集型转变为资本劳动密集型）带来的成本压力。多样化集聚多发生于新兴产业和大城市（创新型城市），强调技术外部性（雅各布斯外部性）、市场充分竞争和多产业共聚（产业协同集聚），以便充分发挥人力资本和知识技术溢出带来的好处，增强产业链的安全和韧性。多样化集聚又可以分为相关多样化集聚和不相关多样化集聚。相关多样化集聚强调产业集聚区内部的产业技术关联、动态渐进式创新和产业路径依赖，不相关

25

多样化集聚强调产业集聚区外部的需求应用关联、协同突破式创新和产业路径创造。近年来，随着新一代信息技术、数字经济、平台经济等新产业、新技术、新模式的不断涌现，虚拟集聚成为产业集聚的一种新模式。

（五）新经济地理学关于新兴产业集聚的理论缺陷

发端于西方成熟市场的新经济地理学理论将制度政策作为外生变量，强调区域产业发展的路径依赖，忽视政府嵌入的路径创造，在政策和福利分析方面存在明显缺陷。将制度政策视为外生变量或暗含假设，从根本上排斥了制度、政策和政府行为在新兴产业动态集聚演化过程中的内生作用。在快速转型期的中国，政府作为"准市场主体"直接参与经济运行，通过制度设计形成政治和经济激励，通过产业政策、税收政策、补贴政策、土地政策、开放政策和区域导向性政策（国家级新区、开发区、自贸区等），引导形成区域发展所需的特定产业集群，并通过区域协调政策平衡空间效率和区域公平。新兴产业集聚不同阶段需要不同的制度安排和政策措施，政府嵌入是打破传统产业路径依赖和实现新兴产业路径创造的关键所在。

第三节　雄安新区产业转型升级的理论创新

雄安新区是规划出来的"未来之城"，从"一张白纸"谋划产业转型升级的宏伟蓝图。雄安新区设立之初，产业发展基础薄弱，以传统产业为主，处于全球价值链中低端环节。《河北雄安新区规划纲要》确定的五大高端高新产业在雄安新区需要"无中生有"和"平地起高楼"。作为一个具有全国意义的后发赶超型国家级新区，雄安新区的产业高质量发展实践为产业转型升级理论创新提供了试验田。

一、产业高质量发展的理论创新

雄安新区是在中国特色社会主义进入新时代、经济从高速增长转向高质量发展的背景下设立的产业高质量发展新动力源和制度创新增长极。在借鉴西方经济增长理论指导雄安新区产业高质量发展实践时，决不能照抄照搬，要综合考虑雄安新区发展阶段、产业基础和制度环境，聚焦改革发展的重大理论和现实问题，在比较、借鉴、批判、升华西方理论的基础上，构建能够指导雄安实践的经济高质量发展理论体系，提出能够体现雄安价值的政策主张，积累能够在全国复制推广的制度创新成果。雄安新区产业高质量发展的理论创新和实践探索集中体现在以下四个方面。

一是以新发展理念引领产业高质量发展实践。产业高质量发展是体现新发展理念的发展，其理论依据是"创新、协调、绿色、开放、共享"五大新理念，现实依据是社会主要矛盾发生变化。五大新发展理念是党的十八届五中全会在全面总结和吸收借鉴国内外发展经验教训的基础上提出的，体现经济发展内在规律，顺应国内外发展形势变化，创造性地回答了关于发展的一系列重大问题，是习近平总书记治国理政新理念、新思想和新战略的一个标志性的重大理论创新成果。雄安新区正是贯彻落实新发展理念的重大实践。习近平总书记强调，雄安新区要"努力打造贯彻落实新发展理念的创新发展示范区"。"绿色生态宜居新城区""创新驱动发展引领区""协调发展示范区"和"开放发展先行区"是党中央对雄安新区规划建设的四个具体功能定位，为雄安新区产业高质量发展提供了方向指引和行动指南，是未来一段时期雄安新区产业转型升级的政策着力点。

二是揭示产业高质量发展的理论内涵、判断标准和目标要求。高质量发展不同于高速度增长。改革开放以来的经济高速度增长是以经济规模和发展速度为核心目标，极大地促进了生产力的提高。但随着中国进入社会主义现代化建设新时期，经济发展正面临传统发展方式粗放、要素投资效率下降、生态环境恶化、区域发展不协调不充分、供给侧与需求侧不匹配等制约经济可持续发展的一系列问题，迫切需要在雄安新区打造产业高质量发展的新动力源。雄安新区产业高质量发展的核心内涵是通过供给侧结构性改革，提高全要素生产率，提供更多更优的产品和服务，实现经济更有效率和更可持续的发展，满足人民日益增长的美好生活需要。雄安新区产业高质量发展的主要目标不再是单纯追求产业发展的规模和速度，而是要适应我国社会主要矛盾变化，更加注重发展的质量提升、效率提高、环境改善、动能转换、结构优化、消费升级和区域协调。产业高质量发展不是不要增长速度，而是不能以牺牲资源环境、社会公平、代际公平为代价盲目追求速度和规模，要兼顾经济和社会、公平和效率、产业和环境的平衡，促进产业更充分、更均衡、更可持续的发展。

三是构建反映产业高质量发展的指标评价体系。高质量发展是一个内涵丰富、路径多样、与时俱进的概念，其指标评价体系更是一个具有挑战性的复杂课题。明确界定产业高质量发展的科学内涵和外延边界，有利于加快构建与高质量发展相适应的指标评价体系，有利于更好地发挥雄安新区作为产业高质量发展全国样板的示范引领作用。通过在雄安新区先行先试，可以构建起以新发展理念为引领、以质量效益为中心、以生态环境为底线、以主体功能为约束、以可持续发展为导向、以人民满意为归宿、以精简实用为原则的反映高质量发展的多维度、全过程、系统性的指标体系、政策体系、标准体系、统计体系、绩效评价体系和政绩考核体系。雄安新区通过构建产业高质量发展指标评价体系，引导地方政府从过去重视增长速度的单一目标转向重视产业高质量发展的多维目标。

四是探索形成支撑产业高质量发展的体制机制。雄安新区产业高质量发展依赖于高质量的制度安排。高质量的制度安排包括公平竞争的市场环境、国际化的营商环境、精简高效的行政管理体制、有利于创新的科技体制和专利制度等。要通过建立完善资源优化配置、要素有序流动、产权有效激励、主体功能有效约束的社会主义市场经济体制，发挥市场配置资源的决定性作用，充分激发微观市场主体活力。产业高质量发展尽管并不是一个依靠强政府行政干预来实现的宏观目标，但也需要政府主动作为，加强顶层制度设计，合理规划和引导预期，及时破除制约高质量发展的体制机制障碍，构建形成支撑经济高质量发展的激励机制、约束机制、监测预警机制和风险防范机制。

二、新兴产业集聚的理论创新

过去，学者们研究区域产业集聚通常以西方主流经济学为理论依据、以已有传统制造业集聚为研究对象，常见的指导理论包括比较优势理论和新经济地理学理论，近年来林毅夫教授等倡导的新结构经济学也越来越受到学者们的关注。然而，上述理论在指导雄安新区新兴产业集聚和高质量发展实践方面都存在一定局限。

比较优势理论从资源禀赋的先天差异即"第一自然"捕捉产业集聚的内在机理和成因。但雄安新区发展新兴产业不是基于比较优势，而是基于制度优势，不是基于人口红利和资源环境红利，而是基于制度红利和超大规模国内市场红利。如果基于比较优势理论，从雄安新区现有的劳动力、自然资源、区位条件等，很难推导出雄安新区未来新兴产业发展方向。雄安新区需要依靠国家赋予的特殊制度供给，通过制度优势叠加国内超大规模市场优势，在开放式创新、协同创新、逆向创新和"干中学"中获得动态的比较优势、规模优势和竞争优势，进而实现新兴产业路径创造和技术赶超。

　　林毅夫教授倡导的新结构经济学与比较优势理论一脉相承，认为产业结构内生于要素禀赋结构，一个国家或地区要基于现有要素禀赋结构选择适宜的产业和技术，通过技术模仿追赶实现产业渐进式升级。[①] 但雄安新区确定的五大主导产业都是新兴产业，在本地既不存在坚实的产业基础，也缺乏与之配套的高端要素禀赋，需要"无中生有"和"平地起高楼"。雄安新区的起步区（即主城区）和启动区（起步区的第四组团和第五组团的西部）属于平原建城，绕开了雄县、容城、安新三个县城的建成区，产业发展体系需要进行全新重构。至少从《河北雄安新区规划纲要》来看，雄安新区的产业发展必然是跨越式的，产业技术不仅是引进、消化、吸收的渐进式创新，更重要的是要在制约我国产业发展的一些"卡脖子"技术领域进行原始创新、集成创新和突破式创新，引领我国在关键产业技术领域实现跨越赶超。新结构经济学对一般的后发地区产业发展具有指导价值，但在雄安新区新兴产业选定和国家制度赋能的情况下，其理论适用性大打折扣。雄安新区的"技术赶超"战略与新结构经济学强调的渐进式模仿创新也存在内在的理论冲突。

　　新经济地理学的产业集聚理论从经济活动本身即"第二自然"揭示产业集聚的内生动力，强调历史偶然事件影响、累积循环正反馈作用机制和预期的自我实现。但新经济地理学在指导雄安新区新兴产业集聚方面，至少存在四个方面的理论缺陷。一是将产业初始集聚归结为"历史偶然事件"，回避了新兴产业初始集聚的触发机制，而把重点放在了"集聚导致进一步集聚"的累积循环作用机制方面，存在循环论证的理论缺陷，缺乏清晰的政策含义。在当前阶段，雄安新区最重要的是揭示新兴产业集聚的初始触发机制和微观作用机理，以及从初始触发机制向自增强持续机制的动态转换过程。二是新经济地理学对已有产业集聚中心的传统制造业集聚机制具有深刻洞见，但对后发地区的新兴产业集聚、先进制造业与高端服务业协同集聚、跨区域协同集聚的机制和模式较少关注。雄安新区确定的主导产业既有先进制造业，也有高端服务业，并强调与周边地区协同发展。雄安新区新兴产业集聚是一种独特的跨区域、跨行业、多主体协同集聚模式，需要在对外开放和区际开放

---

　　① 林毅夫. 新结构经济学、自生能力与新的理论见解 [J]. 武汉大学学报（哲学社会科学版），2017，70（6）：5-15.

"二重开放"的条件下加以研究。三是新经济地理学基于主流经济学的研究范式关注产业空间集聚现象，注重演绎推理和实证研究，但为了简化模型，理论前提常会脱离复杂的现实情景，研究结论针对某一具体地区的指导性不强。鉴于雄安新区新兴产业集聚的特殊性，相关研究不仅要借鉴新经济地理学的建模技巧，更要吸收管理学和经济地理学的研究方法，将产业集聚和产业集群相关研究统一起来，注重对具体典型案例进行归纳总结，使得研究更加贴近现实世界。四是新经济地理学尽管承认了技术的内生性，但将制度视为外生变量，从根本上排斥了制度、政策和政府行为在新兴产业集聚演化过程中的内生作用，在政策和福利分析方面存在明显缺陷。事实上，在雄安新区，制度是可设计和可调整的。雄安新区是规划出来的"未来之城"，具有"非首都功能疏解集中承载地""首都功能拓展区""制度创新试验田""改革开放新高地"等典型特征。雄安新区在制度安排、机制设计和激励政策方面，需要有机融合顶层设计和基层探索，实现经济基础与上层建筑、生产力与生产关系的辩证统一。

因此，在雄安新区新兴产业集聚的相关理论研究中，一方面要融合制度内生的机制设计理论，弥补新经济地理学制度外生和循环论证的理论缺陷，为西方理论结合雄安新区实践进行边际创新提供知识增量贡献；另一方面要吸收演化经济地理学中的区域派生和路径创造理论，以及演化发展经济学中的技术赶超理论，打开新经济地理学"历史偶然性"黑箱，揭示后发地区新兴产业集聚的初始触发机制及各种机制的动态转换。

三、产业协同发展的理论创新

京津冀协同发展和雄安新区规划建设等重大国家战略的相继出台，为新时代产业协同发展理论创新提供了肥沃土壤。雄安新区产业协同发展方面的创新实践集中体现在产业区际分工、产业升级转移、产业协同集聚和产业辐射带动等方面。

产业区际分工理论包括产业间分工理论、产业内分工理论、产品内价值链分工理论等多种理论学说。早期的区际分工理论注重产业间的垂直分工和产业内的水平分工。随着生产的迂回化程度越来越高，产业分工也越来越细，已经从产业间和产业内分工向产品内价值链分工延伸拓展。一方面，雄安新区作为北京和河北两个"两翼"的重要组成部分，要基于自身的比较优势和功能定位，形成与北京主城区、北京城市副中心、雄安新区周边地区错位发展的产业分工格局，打造区域优势互补、互利共赢的产业分工格局。另一方面，雄安新区作为"高水平社会主义现代化城市、京津冀世界级城市群的重要一极、现代化经济体系的新引擎、推动高质量发展的全国样板"，要准确把握产业分工从产业间、产业内向产品内、价值链分工转变的最新趋势，通过构建区域产业链和协同嵌入全球价值链，形成区域产业功能分工新模式。

产业转移理论包括产业生命周期理论、雁阵理论和产业梯度转移理论等。研究雄安新区的产业转移，需要将其置于京津冀协同发展的大背景下进行战略思考。雄安新区的初心和使命是"北京非首都功能疏解集中承载地"和"首都功能拓展区"。雄安新区首先要承接的是北京疏解的高端功能和高新产业，形成高端高新产业集聚效应。雄安新区承接北京产业不是按照产业生命周期理论、雁阵理论和产业梯度转移理论所揭示的优先承接北京失去比较优势而雄安新区具有比较优势的传统制造业，而是坚持高起点、高标准和高规格的原则，优先承接符合雄安新区功能定位的先进制造业和高端服务业，吸纳集聚北京高端创新要素资源，对于不符合雄安新区功能定位的低端落后产业坚决不要。

如何兼顾产业集聚和辐射带动是区域协调发展亟待突破的理论难题，产业协同集聚是破解上述理论难题的关键所在。根据赫希曼等人的不平衡增长理论、缪尔达尔等人的累积循环因果理论、佩鲁等人的增长极理论，一个地区发展初期以极化效应、回流效应和虹吸效应为主导，溢出效应、扩散效应和涓滴效应并不明显，区域间呈现"中心—外围"格局。只有经过相当长时期后，产业集聚达到一定程度（超过某个阈值），中心地区对周边地区的产业辐射带动效应才会显现。但雄安新区在设立之初就充分考虑到了与周边区域的产业协同发展问题，兼顾空间极化效应和辐射带动效应，避免出现"环雄安贫困带"现象。雄安新区承担着探索国家级新区如何在大空间尺度上促进区域协同发展的历史使命，其成功实践不仅有利于丰富现有区域经济学相关理论内涵，而且可以为国家级新区产业转型升级提供经验借鉴。

总之，发端于西方成熟市场的主流经济学通常以发达国家的产业、技术和制度作为理论前提或暗含假设，制度内生这一重要理论视角经常被忽略，在指导雄安新区产业转型升级实践上有诸多局限。只有从中国转型期特征、京津冀协同发展特点、雄安新区新兴产业"平地起高楼"特性和"制度创新试验田"特质入手，通过纳入空间政治经济学因素构建具有中国特色的区域经济发展理论分析框架，才能更好地指导雄安新区的产业转型升级实践，才能形成具有主体性和原创性的产业转型升级理论体系。

第三章

雄安新区产业发展现状分析

第一节　雄安新区的基本概况

2017 年 4 月 1 日，中共中央、国务院印发通知，决定设立河北雄安新区。雄安新区是以习近平同志为核心的党中央做出的一项重大的历史性战略选择，是继深圳经济特区和上海浦东新区之后又一具有全国意义的国家级新区，是千年大计和国家大事。

一、雄安新区整体概况

雄安新区规划范围包括雄县、容城、安新三县行政辖区（含白洋淀水域），任丘市鄚州镇、苟各庄镇、七间房乡和高阳县龙化乡，下辖 33 个乡镇，规划面积为 1770 平方千米，其中雄县、容城和安新三县的面积为 1556 平方千米。2017 年，雄安新区常住人口为 121.6 万人，其中雄县、容城和安新三县的常住人口为 110.9 万人。雄安新区属于平原建城，城镇化水平较低，产业承载能力较强，适合产业和人口集聚。雄安新区的起步区和启动区远离县城，核心区所辖人口不足 10 万人，仅相当于北京的一个社区。这为雄安新区起步区和启动区征迁安置、开发建设、产业布局、制度创新等提供了有利条件。

表 3-1　2017 年雄安新区总体概况

	面积（平方千米）	乡（个）	镇（个）	村民居委会	年末总人口（万人）	常住人口（万人）	城镇化率（%）
雄县	514	3	6	223	39.60	37.91	48.24
容城	311	3	5	127	27.18	27.20	46.97
安新	728	3	9	207	46.85	45.80	41.8
任丘市鄚州镇、苟各庄镇、七间房乡	163	1	2	67	－	8.22	－
龙化乡	54	1	0	16		2.42	－
雄安新区	1770	11	22	640	－	121.55	－

资料来源：河北经济年鉴—2018 和保定经济统计年鉴—2018

　　发展定位是雄安新区高标准建设和高质量发展的重要前提和基本遵循。根据《河北雄安新区规划纲要》，雄安新区最重要的发展定位是打造北京非首都功能疏解集中承载地，建设成为"高水平社会主义现代化城市、京津冀世界级城市群的重要一极、现代化经济体系的新引擎、推动高质量发展的全国样板"。具体发展定位有四个，包括绿色生态宜居新城区、创新驱动发展引领区、协调发展示范区、开放发展先行区，是新时代贯彻新发展理念的创新发展示范区。

　　发展目标为雄安新区高标准建设和高质量发展提供方向指引和行动指南。根据《河北雄安新区规划纲要》，到 2035 年，雄安新区要建设成为"绿色低碳、信息智能、宜居宜业、具有较强竞争力和影响力、人与自然和谐共生的高水平社会主义现代化城市""高端高新产业引领发展""优质公共服务体系基本形成""'雄安质量'引领全国高质量发展作用明显"。到 21 世纪中叶，雄安新区要建设成为"高质量高水平的社会主义现代化城市，成为京津冀世界级城市群的重要一极""集中承接北京非首都功能成效显著，为解决'大城市病'问题提供中国方案""成为新时代高质量发展的全国样板"。

　　空间布局是雄安新区发展定位在空间上的具体体现。雄安新区的城乡空间布局集中体现为"一主五辅多节点"。"一主"是指起步区（即主城区），位于容城、安新两县的交接地带，按照组团式进行布局，形成五个城市组团，先行启动建设。"五辅"是指五个外围组团，包括雄县组团、容城组团、安新组团、寨里组团和昝岗组团。"多节点"是指若干特色小城镇和美丽乡村，实行分类特色发展。

雄安新区是京津冀协同发展向深度广度拓展过程中的又一重大国家战略布局。京津冀协同发展的"牛鼻子"是疏解北京非首都功能，解决北京"大城市病"问题。河北雄安新区和北京城市副中心是北京新的"两翼"，是北京非首都功能疏解的两个集中承载地。作为北京"非首都功能疏解集中承载地"和"首都功能拓展区"，河北雄安新区的批复设立是北京"跳出去建新城"的一次全新尝试，充分拉开了北京的城市发展骨架。同时，雄安新区也是河北"两翼"的重要组成部分，对推进河北产业转型升级和辐射带动冀中南地区高质量发展具有重要作用。作为两个"两翼"的重要节点，雄安新区的设立有助于优化京津冀"一核、双城、三轴、四区、多节点"的区域空间格局，打造京津冀世界级城市群，为解决"大城市病"提供中国方案。

二、雄安新区起步区概况

雄安新区起步区的规划范围西边靠近萍河，北边靠近荣乌高速，东边靠近白沟引河，南边靠近白洋淀，规划面积约 198 平方千米。起步区是雄安新区的主城区，是雄安新区先行建设的重点区域。根据《河北雄安新区起步区控制性规划》，起步区"肩负着集中承接北京非首都功能疏解的时代重任，承担着打造'雄安质量'样板、培育建设现代化经济体系新引擎的历史使命，在深化改革、扩大开放、创新发展、城市治理、公共服务等方面发挥先行先试和示范引领作用"。

雄安新区起步区的发展定位是打造"北京非首都功能疏解集中承载区、高质量高水平社会主义现代化城市主城区、贯彻落实新发展理念的创新发展示范区"。打造"北京非首都功能疏解集中承载区"，要求起步区"集中承接北京疏解出的高校、科研院所、医疗机构、企业总部、金融机构、事业单位等"，为解决北京"大城市病"、带动河北产业转型升级、建设北京和河北两个"两翼"做出贡献。打造"高质量高水平社会主义现代化城市主城区"，要求起步区"践行生态文明理念""坚持以人民为中心""坚持数字城市与现实城市同步规划建设"，为社会主义现代化建设做出贡献。打造"贯彻落实新发展理念的创新发展示范区"，要求起步区"坚持创新驱动发展""坚持改革开放""坚持创造'雄安质量'"，为新时代全面深化改革做试点、扩大开放筑高地、高质量发展立标杆。

雄安新区起步区具有明确的发展目标。根据《河北雄安新区起步区控制性规划》，到2035年，起步区基本建成"绿色低碳、节约高效、开放创新、信息智能、宜居宜业、具有较强竞争力和影响力、人与自然和谐共生的高质量高水平社会主义现代化城市主城区""城市功能更加完善""承接北京非首都功能疏解成效显著""高端高新产业引领发展"。到21世纪中叶，起步区全面建成"高质量高水平的社会主义现代化城市主城区，各项发展指标率先达到国际领先水平，支撑雄安新区成为京津冀世界级城市群的重要一极、现代化经济体系的新引擎、推动高质量发展的全国样板、高水平社会主义现代化城市"。

雄安新区起步区的城市空间格局为"北城、中苑、南淀"。"北城"是指充分利用起步区北部地势较高的有利条件，集中布局五个功能完整、产城融合、职住平衡的城市组团。"中苑"是指考虑起步区中部地势低洼的地形条件，恢复历史上的大殷古淀，布局景观苑囿、生态湿地、创新聚落等功能板块，形成湿地与城市共融的城淀过渡地带。"南淀"是指起步区南部临近白洋淀的区域，控制开发规模，实行减量发展，利用生态和文化资源，传承文化特色，展现淀泊景观，保障防洪安全。

雄安新区起步区的城市功能布局为"五片、三带、多中心"。"五片"是指五个组团片区。第一组团重点集聚"科技创新、高等教育、医疗服务"等功能，构建起步区的创新高地。第二组团重点集聚"行政管理、市民服务、体育休闲"等功能，展现人民安居乐业的幸福图景。第三组团重点集聚"文教、科研、商业休闲、滨水游憩"等功能，突出历史文化生态。第四组团重点集聚"企业总部、高新技术产业、科研机构"等功能，成为启动区率先建设的重要组成部分。第五组团重点集聚"现代金融、国际交往、科技创新"等功能，打造起步区开放创新的活力门户。"三带"是指起步区北部、中部、南部三个城市功能发展带，合理布局科技创新、高端高新产业和绿色生态。"多中心"是指重要的城市功能节点，承担着"提供优质服务、展示新区形象、支撑新区发展、开放创新引领、促进区域协调"的重要功能。

三、雄安新区启动区概况

雄安新区启动区的规划范围西至起步区的第三组团，北至荣乌高速公路，东至起步区的第五组团中部，南至白洋淀，规划面积38平方千米。启动区是雄安新区率先建设区域，承担着"首批北京非首都功能疏解项目落地、高端创新要素集聚、高质量发展引领、新区雏形展现"的重任，肩负着"在深化改革、扩大开放、创新发展、城市治理、公共服务等方面先行先试，在新区开发建设上探索新路"的重要使命。

雄安新区启动区的发展定位是"北京非首都功能疏解首要承载地、雄安新区先行发展示范区、国家创新资源重要集聚区、国际金融开放合作区"。打造"北京非首都功能疏解首要承载地"，要求启动区"优先承接企业总部、金融机构、科研院所、高等院校、医疗机构和事业单位等"，"探索承接北京非首都功能疏解的有效途径"。打造"雄安新区先行发展示范区"，要求启动区进行制度创新和政策创新，推进产业发展，"通过首批重点项目承接和高端高新产业培育，打造启动区发展引擎，为新区产业体系构建奠定基础"。打造"国家创新资源重要集聚区"，要求启动区"积极承接在京科研机构和创新平台疏解，布局国家级科技创新平台，重点打造创新坊、大学园、科学园、互联网产业园等一批国际一流的创新研发基地"，培育和提高区域原始创新能力。打造"国际金融开放合作区"，要求启动区"营造法治化、国际化、便利化的市场环境，建设国际金融岛，承接一批在京金融企业疏解，吸引一批国际金融机构进驻，重点聚焦金融创新业态和项目，建立有利于创新驱动发展的现代金融体系"。

雄安新区启动区具有明确的发展目标。根据《河北雄安新区启动区控制性详细规划》，到2022年，"生态系统和交通路网骨架基本成型，重点市政基础设施和公共服务设施基本建成，重要功能节点建设有序推进"。到2025年，"城市基础设施和公共服务设施基本建成投运，企业总部、金融机构、科研院所、医疗机构、事业单位和高等院校等北京非首都功能疏解承接初见成效"。到2035年，全面建成"北京非首都功能疏解首要承载地、雄安新区先行发展示范区、国家创新资源重要集聚区、国际金融开放合作区"，支撑起步区建设成为"高质量高水平社会主义现代化城市主城区"。

雄安新区启动区的城市空间格局为"一带一环六社区"。根据《河北雄安新区启动区控制性详细规划》,"一带"是指中部核心功能带,"沿中央绿谷自北向南集中布局科学园、大学园、互联网产业园、创新坊、金融岛、总部区和淀湾镇等特色城市片区,形成启动区核心功能片区"。"一环"是指城市绿环,"建设长度 40—100 米的环形城市公园,融合城市水系和慢行系统,串联各复合型社区中心,形成城市公共生活休闲带"。"六社区"是指六个综合型城市社区,"布局丰富多样的居住和就业创新空间,建设便捷的绿色出行系统和宜人的公共活动空间,提供优质共享的公共服务,构筑职住均衡、服务完善、生活便利的 15 分钟生活圈"。

四、雄安新区外围组团概况

雄安新区的空间布局为"一主五辅多节点",其中"五辅"即雄县、容城、安新、寨里和昝岗五个外围组团。根据《河北雄安新区规划纲要》,"全面提质扩容雄县、容城两个县城,优化调整安新县城,建设寨里、昝岗两个组团,与起步区之间建设生态隔离带"。

表 3-2　雄安新区五个外围组团的基本概况

	规划范围	规划面积	发展定位	空间布局	人口规模
雄县组团	西至大清河东堤,北至京雄城际动车所用地南侧红线,东至规划京港台高铁,南至大清河北堤	14.8 平方千米	华北历史名城、温泉康养暖城、宜居宜业绿城	一水弯环、双轴交汇、一城两片	11.5 万人
容城组团	北至津保铁路,南至荣乌高速,西至大水大街,东至白塔村东边界的规划路	15.43 平方千米	东西联动南北一体的功能区、高端高新产业集聚区、提质扩容宜居宜业绿色城区	一城双轴、东西向自然灵动、南北向规制有序	10.5 万人
安新组团	北至大张庄排干渠,东界及南界至新安北堤,西至起步区边界	23 平方千米	彰显淀泊风光的生态宜居水城、传承千年文脉的休闲旅游名城、激发创新活力的创意产业新城	一核两翼、双环三带、三片多心	10 万人

续表

	规划范围	规划面积	发展定位	空间布局	人口规模
寨里组团	北至黑龙口村北边界，南至三合村北边界，西起现状杨孟庄排渠，东至萍河右岸河堤	16.4平方千米	与起步区协同发展的新城区、生物科技创新高地、生态宜居新城	一心、两带、三区	18万人
昝岗组团	北至米家务镇杨庄村和米西庄村，西至大营镇东照村，东至生态涵养林带，南至新盖房分洪道左堤	35.5平方千米	站城融合的非首都功能重要承载区、国际一流的高新技术产业区、绿色智能的创新发展示范区	一轴、一环、多片	30万人

资料来源：《河北雄安新区雄县组团控制性详细规划》《河北雄安新区容城组团控制性详细规划》《河北雄安新区安新组团控制性详细规划》《河北雄安新区寨里组团控制性详细规划》《河北雄安新区昝岗组团控制性详细规划》

雄县组团的规划范围"西至大清河东堤，北至京雄城际动车所用地南侧红线，东至规划京港台高铁，南至大清河北堤"，规划面积14.8平方千米。根据《河北雄安新区雄县组团控制性详细规划》，雄县组团的空间布局是"一水弯环、双轴交汇、一城两片"。到2035年，雄县组团建设成为"林水绕城、古今交融的华北历史名城、温泉康养暖城、宜居宜业绿城"。

容城组团的规划范围"北至津保铁路，南至荣乌高速，西至大水大街，东至白塔村东边界的规划路"，规划面积15.43平方千米。根据《河北雄安新区容城组团控制性详细规划》，容城组团的空间布局是"一城双轴、东西向自然灵动、南北向规制有序"。到2035年，容城组团建设成为"东西联动南北一体的功能区、高端高新产业集聚区、提质扩容宜居宜业绿色城区"。

安新组团的规划范围"北至大张庄排干渠，东界及南界至新安北堤，西至起步区边界"，规划面积约23平方千米。根据《河北雄安新区安新组团控制性详细规划》，安新组团的空间布局是"一核两翼、双环三带、三片多心"。到2035年，安新组团"现代服务业和高端高新产业体系基本成型"，建设成为"以城淀相融、蓝绿交织、清新明亮为特色的宜居城区"。

寨里组团的规划范围"北至黑龙口村北边界，南至三合村北边界，西起现状杨孟庄排渠，东至萍河右岸河堤"，规划面积16.4平方千米。根据《河北雄安新区寨里组团控制性详细规划》，寨里组团的空间布局是"一心、两带、三区"。到2035年，寨里组团"全面建成与起步区协同发展的新城区、生物科技创新高地和生态宜居新城，支撑起步区建设，实现与起步区协同发展"。

昝岗组团的规划范围"北至米家务镇杨庄村和米西庄村，西至大营镇东照村，东至生态涵养林带，南至新盖房分洪道左堤"，规划面积35.5平方千米。根据《河北雄安新区昝岗组团控制性详细规划》，昝岗组团的空间布局是"一轴、一环、多片"。到2035年，昝岗组团"全面建成创新引领、站城一体、产城融合、高效智能、韧性安全的高新技术产业新城"。

表3-3 雄安新区五个外围组团的建设目标

	2022 年	2025 年	2035 年
雄县组团	重要骨干路网、市政基础设施和公共服务设施改造提升全面展开，有序推进大清河生态环境治理，宋辽边关地道保护利用初见成效，旅游、康养等一批新产业项目加快落地，县城改造提升取得明显进展	城市路网和基础设施改造提升、大清河生态环境治理取得阶段成效，雄州古城重要节点得到恢复，公共服务水平明显改善，文旅康养和高端高新产业加速集聚	城市功能全面扩容提质，大清河生态环境根本改善，宜居水平显著提升，文旅康养和高端高新产业引领发展，建设成为林水绕城、古今交融的华北历史名城、温泉康养暖城、宜居宜业绿城，实现与雄东片区、昝岗组团联动，引领、支撑淀东片区高质量发展
容城组团	主干路网部分路段完成，重点公共服务设施及东西生态廊道有序推进，公共服务水平明显改善	主干路网基本完成，主要公共服务设施和东西生态廊道重要节点建设完成，生态系统初步建立，部分高端高新企业落地，城市面貌全面改善	全面建成东西联动南北一体的功能区、高端高新产业集聚区、提质扩容宜居宜业绿色城区，支撑起步区建设，实现与起步区一体化发展

续表

	2022 年	2025 年	2035 年
安新组团	公共服务设施和骨干基础设施改造提升全面推进，旧城风貌及人居品质大幅提升，重要产业功能节点建设有序推进，区域生态安全格局初步建立，组团发展框架初步形成	现代服务业有序发展，高端高新产业初显集聚，城淀相融、蓝绿交织的城市风貌特色初步显现，区域生态安全格局基本形成，现代化基础设施覆盖加强	现代服务业和高端高新产业体系基本成型，中华风范、淀泊风光、创新风尚的城市风貌特色明显，区域生态安全格局建设完善，现代化基础设施系统完备，实现减量发展，全面建成以城淀相融、蓝绿交织、清新明亮为特色的宜居城区
寨里组团	随起步区交通市政等基础设施建设同步推进寨里组团相关基础设施建设	骨干交通路网和重点市政设施全面启动建设，有序推进公共服务设施和公园绿地建设，服务搬迁安居，有效保障起步区及周边地区建设	全面建成与起步区协同发展的新城区、生物科技创新高地和生态宜居新城，支撑起步区建设，实现与起步区协同发展
昝岗组团	－	公共服务设施、交通市政基础设施、安全设施、重点公园绿地启动建设，重要功能节点建成投用，承接北京非首都功能疏解稳步推进、站城一体发展示范作用明显、高端高新产业发展初见成效	高新产业集聚，城市功能完善、基础设施完备、公共服务优质，承接北京非首都功能疏解效果显著，全面建成创新引领、站城一体、产城融合、高效智能、韧性安全的高新技术产业新城

资料来源：《河北雄安新区雄县组团控制性详细规划》《河北雄安新区容城组团控制性详细规划》《河北雄安新区安新组团控制性详细规划》《河北雄安新区寨里组团控制性详细规划》《河北雄安新区昝岗组团控制性详细规划》

五、河北自贸区雄安片区概况

雄安自贸区是中国（河北）自由贸易试验区的重要组成部分。根据2019年8月国务院印发的《中国（河北）自由贸易试验区总体方案》，河北自贸区的实施范围119.97平方千米，涵盖雄安片区、正定片区、曹妃甸片区和大兴机场片区四个片区。雄安片区重点发展"新一代信息技术、现代生命科学和生物技术、高端现代服务业"等产业，打造"高端高新产业开放发展引领区、数字商务发展示范区、金融创新先行区"。根据《中国（河北）自由贸易试验区条例》，明确雄安片区应当采取 11 条具体措施推动建设"金融创新先行区"，采取 5 条具体措施推动建设"数字商务发展示范区"，采取 4 条措施推动建设"生命科学和生物技术创新发展"。

表 3-4 中国（河北）自由贸易试验区及各片区概况

	规划面积	发展定位	重点产业
雄安片区	33.23 平方千米	高端高新产业开放发展引领区、数字商务发展示范区、金融创新先行区	新一代信息技术、现代生命科学和生物技术、高端现代服务业
正定片区	33.29 平方千米	航空产业开放发展集聚区、生物医药产业开放创新引领区、综合物流枢纽	临空产业、生物医药、国际物流、高端装备制造
曹妃甸片区	33.48 平方千米	航空产业开放发展集聚区、生物医药产业开放创新引领区、综合物流枢纽	国际大宗商品贸易、港航服务、能源储配、高端装备制造
大兴机场片区	19.97 平方千米	国际交往中心功能承载区、国家航空科技创新引领区、京津冀协同发展示范区	航空物流、航空科技、融资租赁

资料来源：《中国（河北）自由贸易试验区总体方案》

2020 年 4 月 27 日，国务院批复同意在雄安新区等 46 个城市和地区设立跨境电子商务综合试验区。2020 年 7 月 7 日，河北省人民政府办公厅印发《中国（雄安新区）跨境电子商务综合试验区建设实施方案》，中国（雄安新区）跨境电子商务综合试验区将"积极申报建设雄安综合保税区及全国跨境电子商务零售进口试点"，"在中国（河北）自由贸易试验区雄安片区、雄县、容城、安新三县规划建设一批错位发展的跨境电子商务产业园区和进出口商品展示交易平台"，力争建成以"跨境贸易+数字经济+产城融合"为基本特征的国内一流的跨境电子商务综合试验区。

第二节 雄安新区规划建设进展

雄安新区设立以来，在以习近平同志为核心的党中央坚强领导下，在京津冀协同发展领导小组的指导推动下，在中央部委和京津两地政府的大力支持下，河北省委、省政府认真履行主体责任，雄安新区切实履行属地责任，不断推进雄安新区规划建设取得新进展，新时代"雄安画卷"正徐徐铺展。

一、雄安新区规划建设的阶段划分

设立河北雄安新区，是党中央深入推进京津冀协同发展做出的又一重大战略部署。京津冀协同发展的"牛鼻子"是集中有序疏解北京非首都功能，解决北京"大城市病"，打造以首都为核心的世界级城市群，促进区域协调共同发展。随着京津冀协同发展向深度广度拓展，有必要在河北适合地方规划建设一座贯彻新发展理念的新城，来集中承接北京非首都功能疏解，进而形成高质量发展的新动力源，缩小河北与北京发展差距，打造京津冀世界级城市群。雄安新区正是激活京津冀协同发展这盘大棋的"棋眼"。

（一）批复设立之前的前期谋划和研究论证阶段（2014 年 2 月—2017 年 4 月）

河北雄安新区的"横空出世"与京津冀协同发展的纵深推进一脉相承。2014 年 2 月 26 日，习近平总书记主持召开京津冀协同发展座谈会，指出京津冀协同发展意义重大，对这个问题的认识要上升到国家战略层面。自此，京津冀协同发展正式上升为国家战略。随着京津冀协同发展向纵深推进，打造北京非首都功能疏解集中承载地问题被提上议事日程。

尽管设立河北雄安新区的消息公开发布的时间节点是 2017 年 4 月 1 日，但作为京津冀协同发展向深度广度拓展过程中的又一重大战略布局，设立河北雄安新区的战略构想早在 2014 年就开始酝酿，2015 年开始谋划选址工作，2016 年确定了规划选址并同意命名为"雄安新区"。2017 年 2 月习近平总书记亲自到河北省安新县考察并指导工作，强调指出"雄安新区定位首先是疏解北京非首都功能集中承载地，重点是承接北京非首都功能疏解和人口转移"。

表 3-5 河北雄安新区的前期谋划和研究论证

时间	前期谋划和研究论证
2014 年 2 月 26 日	习近平总书记在北京考察工作,并主持召开京津冀协同发展座谈会。习近平总书记指出:"要坚持和强化首都核心功能,调整和弱化不适宜首都的功能,把一些功能转移到河北、天津去,这就是大禹治水的道理。"
2014 年 10 月 17 日	习近平总书记对《京津冀协同发展规划总体思路框架》批示指出:"目前京津冀三地发展差距较大,不能搞齐步走、平面推进,也不能继续扩大差距,应从实际出发,选择有条件的区域率先推进,通过试点示范带动其他地区发展。"
2015 年 2 月 10 日	习近平总书记主持召开中央财经领导小组第九次会议审议《京津冀协同发展规划纲要》。习近平总书记明确提出,推动京津冀协同发展思路要明确,重点把握好"多点一城、老城重组"的思路,"一城"就是研究思考在北京之外建设新城问题。
2015 年 4 月 30 日	习近平总书记主持召开中央政治局会议审议《京津冀协同发展规划纲要》。习近平总书记强调,要深入研究论证新城问题,可考虑在河北合适的地方进行规划,建设一座以新发展理念引领的现代化新城。
2016 年 3 月 24 日	习近平总书记主持召开中共中央政治局常委会会议,确定了新城的规划选址,同意定名为"雄安新区"。习近平总书记指出:"北京正面临一次历史性选择,从摊大饼转向在北京中心城区之外,规划建设北京城市副中心和集中承载地,将形成北京新的'两翼',也是京津冀区域新的增长极。"在河北雄安新区设立消息公开之前,"集中承载地"一直是雄安新区的代名词。

续表

时间	前期谋划和研究论证
2016 年 5 月 27 日	习近平总书记主持召开中共中央政治局会议，审议《关于规划建设北京城市副中心和研究设立河北雄安新区的有关情况的汇报》。习近平总书记指出："这是党的十八大后中央抓的一个新区建设。雄安新区是党中央批准的首都功能拓展区，同上海浦东、广东深圳那样具有全国意义，这个定位一定要把握好。"
2017 年 2 月 23 日	习近平总书记实地考察河北省安新县和白洋淀生态保护区，了解有关情况，亲自主持会议听取汇报，并就雄安新区规划建设工作发表重要讲话。习近平总书记强调指出："雄安新区定位首先是疏解北京非首都功能集中承载地，重点是承接北京非首都功能疏解和人口转移。"
2017 年 4 月 1 日	新华社授权发布《中共中央、国务院决定设立河北雄安新区》，河北雄安新区设立的消息正式向社会公开发布。通知指出："设立雄安新区，是以习近平同志为核心的党中央深入推进京津冀协同发展做出的一项重大决策部署，对于集中疏解北京非首都功能，探索人口经济密集地区优化开发新模式，调整优化京津冀城市布局和空间结构，培育创新驱动发展新引擎，具有重大现实意义和深远历史意义。"

资料来源：作者整理

　　北京非首都功能疏解是京津冀协同发展的重中之重，是解决北京"大城市病"、促进区域协调共同发展的关键所在。早在 2014 年 2 月 26 日习近平总书记在北京考察工作时就指出："要坚持和强化首都核心功能，调整和弱化不适宜首都的功能，把一些功能转移到河北、天津去，这就是大禹治水的道理。"① 为了有序疏解北京非首都功能，《京津冀协同发展规划纲要》明确了"集中疏解与分散疏解相结合"的疏解原则，制定了"示范带动、集中突破"的疏解方法，确定了优先重点疏解的四类非首都功能。根据《京津冀协同发

---

① 李斌，安蓓，孔祥鑫，等. 开辟高质量发展的光明前景：以习近平同志为核心的党中央谋划推动京津冀协同发展五周年纪实 [N]. 新华社，2019-02-25.

展规划纲要》，坚持"集中疏解"和"示范带动"，就要求"综合考虑区位、交通、土地、水资源和能源保障、环境承载、人口及经济社会发展状况等，特别是客运专线、城际铁路等高效便捷轨道交通因素，深入研究、科学论证，规划建设具有相当规模、与疏解地发展环境相当的集中承载地，重点疏解部分中央行政及企事业单位，配套跟进教育、医疗、文化等公共服务单位"。后经多方论证，形成了北京非首都功能疏解的"2+4+46"① 重点承接平台，"2"指的就是北京城市副中心和河北雄安新区两个集中承载地。习近平总书记指出："建设北京城市副中心和雄安新区两个新城，形成北京新的'两翼'。这是我们城市发展的一种新选择"，"在新的历史阶段，集中建设这两个新城，形成北京发展新的骨架，是千年大计、国家大事"。②

雄安新区的选址经过了科学谋划、专题研究和充分论证，是一个严谨、科学、民主的系统决策过程。2015 年 2 月 10 日，习近平总书记在中央财经领导小组第九次会议上提出"多点一城、老城重组"的思路，"一城"就是要研究思考在北京之外建设新城问题。按照习近平总书记的要求，京津冀协同发展领导小组启动了集中承载地和新城的选址工作。京津冀协同发展领导小组组织国务院有关部门、河北省、京津冀协同发展专家咨询委员会③等有关方面，综合考虑"区位、交通、土地、水资源和能源保障、环境承载、人口及

---

① "2"是指北京城市副中心和河北雄安新区两个集中承载地，"4"是指曹妃甸协同发展示范区、北京新机场临空经济区、天津滨海新区、张承生态功能区四大战略合作功能区，"46"是指46个专业化、特色化承接平台。

② 李凤双，安蓓，高敬，等. 努力创造新时代高质量发展的标杆：以习近平同志为核心的党中央关心河北雄安新区规划建设五周年纪实［N］. 新华网，2022-03-31.

③ 为推进京津冀协同发展这一重大国家战略，国务院成立高规格的专家咨询委员会，为科学决策提供智力支持。2014 年 6 月国家成立京津冀协同发展专家咨询委员会，挂靠中国工程院。根据党中央、国务院"京津冀协同发展领导小组"的要求，京津冀协同发展专家咨询委员会分为规划和交通小组、能源环境小组、首都功能定位与适当疏解小组和产业小组四个小组，共 16 名相关领域的专家。组长是徐匡迪，副组长是邬贺铨和李伟，规划和交通小组成员有李晓江、陆化普和郭继孚，能源环境小组成员有谢克昌、魏复盛、韩布兴和贺泓，首都功能定位与适当疏解小组成员有林仲洪、张军扩和李平，产业小组成员有朱森第、刘秉镰和赵沛。

经济社会发展状况"等多重因素，经过多地点和多方案比选①，最终选择了雄安新区作为北京非首都功能疏解的集中承载地。2016 年 3 月 24 日，习近平总书记在主持召开中共中央政治局常委会会议时指出："具体到哪里建，这是一个科学论证的问题。一旦定下来，京津冀三地和有关部门都要统一思想，提高认识，用大历史观看待这件大事。"② 2016 年 7 月 31 至 8 月 6 日，京津冀协同发展专家咨询委员会进行了一周的封闭研究，请国家发改委、河北省、中国城市规划设计研究院等有关方面的负责同志和专家学者共同进一步研究和完善雄安新区的实施方案。

（二）批复设立之后的规划编制和城市设计阶段（2017 年 4 月—2019 年 1 月）

在批复设立的消息向社会公开之前，雄安新区的规划编制就已启动。2016 年 3 月 24 日，雄安新区的规划选址正式确定。2016 年 5 月 27 日，雄安新区的规划编制悄悄启动。2017 年 4 月 1 日，河北雄安新区批复设立的消息公开发布后，雄安新区的规划编制和城市设计正式全面铺开。

雄安新区坚持高起点进行规划编制和城市设计。2017 年 4 月 1 日中共中央、国务院印发设立河北雄安新区的通知中明确提出："坚持先谋后动、规划引领，用最先进的理念和国际一流的水准进行城市设计，建设标杆工程，打造城市建设的典范。"2017 年 10 月 18 日，习近平总书记在十九大报告中指出："以疏解北京非首都功能为'牛鼻子'推动京津冀协同发展，高起点规划、高标准建设雄安新区。"③2019 年 1 月 16 日，习近平总书记到河北雄安新区考察。在雄安新区规划展示中心，习近平总书记仔细听取新区总体规划、政策体系及建设情况介绍。他指出："新区首先就要新在规划、建设的理念上，要体现出前瞻性、引领性。要全面贯彻新发展理念，坚持高质量发展要求，努力创造新时代高质量发展的标杆。"2019 年 1 月 18 日，习近平总书记

---

① 据京津冀协同发展专家咨询委员会组长徐匡迪介绍，最初选址沿着北京中轴线向南延伸，到了河北霸州。但霸州错失了这次千载难逢的机会，因为"霸州下面有一个地裂，地质情况不适合建新城"。后来，随着雄县、容城、安新这个区域的优势日益突出，大家发现这里可以跟北京"潭柘寺—定都山"形成南北对应，有文化、历史的基础来形成一个新轴线。潭柘寺的历史比北京早约 500 年，"先有潭柘寺，后有北京城"。潭柘寺北有太行山的定都山峰，二者形成一条南北发展轴线，依托这条轴线选定雄安新区地址。

② 本书编写组.河北雄安新区解读［M］.北京：人民出版社，2017：41-42.

③ 京津冀协同发展领导小组办公室.京津冀协同发展报告（2019）［M］.北京：中国市场出版社，2020：8.

主持召开京津冀协同发展座谈会并发表重要讲话。他指出："要把设计成果充分吸收体现到控制性详细规划中，保持规划的严肃性和约束性，用法律法规确保一张蓝图干到底。"①

表3-6 习近平总书记关于河北雄安新区高起点规划的重要指示批示

时间	内容
2017 年 2 月 23 日	习近平总书记专程到河北省安新县进行实地考察，主持召开河北雄安新区规划建设工作座谈会。他指出："要坚持先谋后动、规划引领，借鉴国际经验，高标准编制新区总体规划等相关规划，组织国内一流规划人才进行城市设计，规划好再开工建设，决不留历史遗憾。"
2017 年 10 月 18 日	习近平总书记在十九大报告上指出："以疏解北京非首都功能为'牛鼻子'推动京津冀协同发展，高起点规划、高标准建设雄安新区。"
2018 年 2 月 22 日	习近平总书记主持召开中共中央政治局常务委员会会议，听取雄安新区规划编制情况的汇报。他指出："要深化规划内容和完善规划体系，尽快研究提出支持雄安新区加快改革开放的措施，适时启动一批基础性重大项目建设，确保新区建设开好局、起好步。"
2019 年 1 月 16 日	习近平总书记到河北雄安新区规划展示中心，仔细听取新区总体规划、政策体系及建设情况介绍，察看启动区城市设计征集成果模型和即将启动的重大工程、重点项目展示。他强调："新区首先就要新在规划、建设的理念上，要体现出前瞻性、引领性。要全面贯彻新发展理念，坚持高质量发展要求，努力创造新时代高质量发展的标杆。"
2019 年 1 月 18 日	习近平总书记主持召开京津冀协同发展座谈会并发表重要讲话。他指出："要把设计成果充分吸收体现到控制性详细规划中，保持规划的严肃性和约束性，用法律法规确保一张蓝图干到底。"

资料来源：作者整理

---

① 京津冀协同发展领导小组办公室.京津冀协同发展报告（2019）［M］.北京：中国市场出版社，2020：11.

按照习近平总书记的指示要求，雄安新区的规划编制坚持"世界眼光、国际标准、中国特色、高点定位"，以创造历史、追求艺术的精神，组织一流的规划编制机构和专家团队，用最先进的理念和国际一流的水准进行规划编制和城市设计，确保"把每一寸土地规划得清清楚楚后再开工建设"。雄安新区启动区的控制性详细规划和城市设计面向全球招标，开展城市设计竞赛和方案征集。先后有60多位院士、国内外200多个团队、3500多名专家和技术人员参与新区规划编制和城市设计。聘请顶级专家组成规划评议专家组，对规划进行咨询、评估和论证，确保编制出高水平的规划体系，避免规划折腾浪费，决不留下历史遗憾。

目前已经编制完成"1+4+26"规划体系。其中，"1"是指《河北雄安新区规划纲要》，"4"是指《河北雄安新区总体规划》《白洋淀生态环境治理和保护规划》《河北雄安新区起步区控制性规划》和《河北雄安新区启动区控制性详细规划》，"26"是指防洪、抗震、能源、综合交通、生态保护等26个专项规划。此外，雄安新区也已经形成"1+N"政策体系，"1"是指《中共中央国务院关于支持河北雄安新区全面深化改革和扩大开放的指导意见》，"N"是指相关的配套实施方案，第一批已经出台12个。

（三）承接北京非首都功能疏解和大规模建设同步推进阶段（2019年1月至今）

2019年1月16日至18日，在京津冀协同发展五周年重要时间节点即将到来之际，习近平总书记深入京津冀三地考察，实地了解京津冀协同发展最新情况，并主持召开京津冀协同发展座谈会。2019年1月16日上午，习近平总书记第一站就来到河北雄安新区。在河北雄安新区规划展示中心，习近平总书记仔细听取新区总体规划、政策体系及建设情况介绍，察看启动区城市设计征集成果模型和即将启动的重大工程、重点项目展示，强调雄安新区要"努力创造新时代高质量发展的标杆"。

在2019年1月18日召开的京津冀协同发展座谈会上，习近平总书记指出："过去的5年，京津冀协同发展总体上处于谋思路、打基础、寻突破的阶段，当前和今后一个时期进入到滚石上山、爬坡过坎、攻坚克难的关键阶段，需要下更大气力推进工作。"习近平总书记对进一步推动京津冀协同发展提出六个方面的要求，第一个方面的要求就是"紧紧抓住'牛鼻子'不放松，积极稳妥有序疏解北京非首都功能"，第二个方面的要求则是"保持历史耐心和战略定力，高质量高标准推动雄安新区规划建设"。

在 2019 年 1 月 18 日召开的京津冀协同发展座谈会上，习近平总书记强调："现在有了蓝图，雄安从顶层设计阶段转向实质性建设阶段，可能今年就是一派热火朝天的局面了。"自 2019 年起，雄安新区牢记习近平总书记嘱托，从高起点规划转向高标准建设，交通路网、城市基础设施等重点项目建设明显提速，启动区、起步区、容东片区、容西片区、雄东片区等重点区域到处呈现出"塔吊林立、热火朝天"的建设场景。

2021 年 7 月 30 日，京津冀协同发展领导小组办公室有关负责人接受记者专访指出："随着京津冀协同发展进入新阶段，北京非首都功能疏解进入中央单位和相关地区协同发力的关键时期，雄安新区进入承接北京非首都功能和建设同步推进的重要阶段。"① 自此，雄安新区进入承接北京非首都功能疏解和大规模建设同步推进阶段，高校、医院、央企总部等率先启动的北京非首都功能疏解项目开始加速推进。

二、雄安新区规划建设的最新进展

（一）加强顶层设计，规划政策体系"四梁八柱"基本形成

雄安新区注重顶层设计，目前规划体系基本建立，政策框架基本形成，为新区"一张蓝图干到底"提供了根本遵循、行动指南和政策保障。

一是规划体系基本建立。习近平总书记指出："考察一个城市首先看规划，规划科学是最大的效益，规划失误是最大的浪费，规划折腾是最大的忌讳。"② 雄安新区牢记总书记嘱托，坚持先谋后动、规划引领的理念，注重规划的科学性、前瞻性和引领性，汇聚国内外智慧开门开放编制规划，把每一寸土地都规划得清清楚楚再开工建设，确保千年大计不留历史遗憾。雄安新区坚持"世界眼光、国际标准、中国特色、高点定位"，组织国内外顶尖规划专家和设计团队，高起点进行新区规划编制和城市设计。目前已经编制完成"1+4+26"规划体系，基本建立起目标同向、层次分明、互相衔接、措施一体的规划和政策体系。此外，雄县、容城、安新、寨里、昝岗五个外围组团，以及容东片区、容西片区、雄东片区、雄安站枢纽片区四个重点片区的控制性详细规划也已获批，实现了规划体系对新区"一主五辅"城乡空间的全覆盖。雄安新区坚持规划即法的理念，保持规划的严肃性和约束性，对规划执

---

① 安蓓. 推进北京非首都功能疏解取得新突破［N］. 人民日报, 2021-07-31（2）.
② 本书编写组. 雄安，雄安［M］. 北京：新华出版社, 2017：16.

行情况进行"回头看",用法律法规确保"一张蓝图干到底"。

二是政策框架基本形成。党中央、国务院印发实施《关于支持河北雄安新区全面深化改革和扩大开放的指导意见》,有关方面制定了雄安质量标准体系、人力资源行政体制等 15 个配套方案,《河北雄安新区居住证实施办法(试行)》《河北雄安新区积分落户办法(试行)》等一批政策文件出台实施,"1+N"政策体系日益完善,为新区高标准建设和高质量发展提供了政策保障。

(二)打造蓝绿空间,"绿色生态宜居新城区"靓容显现

"千年秀林"和白洋淀共同构成雄安新区的蓝绿空间。根据规划,未来雄安新区的蓝绿空间占比将达到 70% 左右。2019 年 1 月 16 日,习近平总书记在河北雄安新区考察时指出:"绿水青山就是金山银山,雄安新区就是要靠这样的生态环境来体现价值、增加吸引力。"雄安新区坚持生态优先、绿色发展理念,实施"千年秀林"工程和白洋淀生态治理工程,蓝绿交织、清新明亮、水城共融的"绿色生态宜居新城区"靓容显现。

一是"千年秀林"郁郁葱葱。习近平总书记强调:"先植绿,后建城,是雄安新区建设的一个新理念。良好的生态环境是雄安新区的重要价值体现。'千年大计',就要从'千年秀林'开始,努力接续展开蓝绿交织、人与自然和谐相处的优美画卷。"① 2017 年 11 月,雄安新区启动区的大清河片林一区造林项目"千年秀林"工程正式拉开大幕。截至 2022 年 10 月,雄安新区已经累计植树造林 46.9 万亩,超过 2300 万株,森林覆盖率从新区设立之初的 11% 提高到 34%,未来将进一步提高到 40% 左右。雄安新区造林斑块从最初的幼苗,已经成长为郁郁葱葱的风景林。雄安新区北部郊野公园、悦容公园建成并投入使用,东部溪谷、北部环城林带等正加快建设,以启动区和起步区为主体的"生态廊道"基本形成。由秀林、绿谷、淀湾组成的生态空间骨架,将营造出"城在林中、人在景中"的空间意趣,实现新区居民 300 米进公园、1 千米进林带、3 千米进森林。

二是白洋淀治理成效显著。习近平总书记强调:"建设雄安新区,一定要把白洋淀修复好、保护好","当时选址在这,就是考虑要保护白洋淀,而非

---

① 京津冀协同发展领导小组办公室.京津冀协同发展报告(2019)[M].北京:中国市场出版社,2020:9.

损害白洋淀。城与淀应该是相互辉映、相得益彰。"① 白洋淀是华北平原最大的淡水湖泊,拥有"华北明珠""华北之肾"的美誉。雄安新区出台了首部地方性法规《白洋淀生态环境治理和保护条例》,制定了白洋淀治理"十四五"实施方案和行动计划。新区坚持控源、截污、治河、清淤、补水、搬迁综合施策,深化白洋淀领域污染治理,推进淀中村、淀边村环境综合治理,科学实施生态清淤,606 个有水纳污坑塘全部治理完毕,治理涉水企业 1000多家,绝不让污水流入白洋淀。目前,白洋淀的水质已从设立之初的劣五类提高到全域三类,为近年来最好水平,步入全国良好湖泊行列。通过引黄入冀补淀、南水北调生态补水等补水工程,白洋淀的淀区面积恢复至约 293 平方千米,淀区水位保持在 6.8 米以上,逐步恢复"华北之肾"功能。白洋淀的野生鸟类总量达到 237 种,比设立之初增加了 31 种,野生鱼类也恢复至46 种。

(三)加快项目建设,新区呈现"塔吊林立、热火朝天"场景

自 2019 年起,雄安新区从高起点规划阶段向高标准建设阶段转换。以"一张白纸"起点的雄安新区,目前城市框架已全面拉开,启动区、容东片区、容西片区、雄东片区等重点片区和重大项目按下"快捷键",新区到处呈现出"塔吊林立、热火朝天"的建设场面,高峰时期新区有 20 多万建设者同步施工。这座承载"千年大计、国家大事"的"未来之城"正在拔地而起,加快实现"显雏形、出形象"。

一是一批重点项目正加快建设。自转入大规模建设阶段以来,雄安新区按照"在建一批、新开工一批、储备论证一批"的原则,加快推进启动区、起步区、重点片区的重大基础设施及配套公共服务设施建设。截至 2022 年 10月,雄安新区共谋划推进重点项目 240 个,总投资 8031 亿元,累计完成投资4700 多亿元。2022 年前三个季度,雄安新区集中开工重点项目 142 个,其中10 亿量级项目 49 个,总投资超 1700 亿元,市政基础设施、水利防洪工程、公共服务配套等领域的一批重大项目压茬推进。在市政基础设施建设方面,市民服务中心、商务服务中心、公共资源交易中心等建成投入使用,大学园图书馆、体育中心、国际科技成果展示交易中心、城市计算(超算云)中心、雄安国贸中心、地下综合管廊等项目开工建设,主次干道、地下空间、治水治污、能源保障等配套项目同步建设。在水利、防洪、排涝工程建设方面,

----

① 张腾扬. 白洋淀生态修复记 [N]. 人民日报,2022-05-27 (13).

南拒马河右堤、萍河左堤等环起步区防洪堤达到"两百年一遇"防洪标准、"一百年一遇"防涝标准，确保"千年大计"万无一失。在安置房建设方面，可容纳 17 万人的容东片区和可容纳 10 万人的容西片区建成投用。

二是骨干交通路网基本形成。京雄城际铁路全线贯通，雄安站综合交通枢纽投入使用，雄安新区至北京大兴国际机场快线（简称"R1 线"）、京雄商高铁雄安新区至商丘段、雄安新区至忻州高速铁路均已开工建设，雄安新区"四纵两横"区域高速铁路网络正在加快形成，雄安新区快速融入"轨道上的京津冀"。京雄高速公路河北段、荣乌高速新线、京德高速公路一期工程建成通车，连同既有的京港澳、大广、荣乌、津石 4 条高速公路，雄安新区"四纵三横"的区域高速公路网络基本成型。届时，从雄安新区出发，通过高速铁路可以实现 20 分钟到北京大兴机场、30 分钟到北京或天津、60 分钟到石家庄，通过高速公路可以实现 60 分钟到北京或天津、90 分钟到石家庄。雄安新区内部骨干路网也在快速推进，初步形成连通郊野公园、容城组团、雄县组团、高铁站片区、起步区、启动区的内外环交通网络。

（四）坚守初心使命，承接北京非首都功能疏解取得新进展

集中承接北京非首都功能疏解是雄安新区设立的初心。随着京津冀协同发展向纵深推进，自 2021 年起，北京非首都功能疏解进入中央单位和相关地区协同发力的关键时期，雄安新区进入集中承接北京非首都功能和大规模建设同步推进的重要阶段。

一是推进一批疏解项目落地。京冀两省市政府签署《关于共同推进河北雄安新区规划建设战略合作协议》，明确北京市以"交钥匙"方式，支持雄安新区新建幼儿园、小学、完全中学、综合医院各 1 所。目前，北京援建的北海幼儿园、史家胡同小学、北京四中、宣武医院等"三校一院"交钥匙项目已经建成并陆续交付使用，中国电信、中国移动、中国联通三大产业园项目开工建设，中关村科技园、中科院雄安创新研究院、清华大学智能实验室、核电创新中心等创新资源汇聚雄安新区，雄安新区的承载力和吸引力不断增强。

二是谋划一批标志性疏解项目。根据京津冀协同发展领导小组的工作部署，近期将以在京部委所属高校、医院和央企总部为重点，分期分批推动相关非首都功能向雄安新区疏解。目前，北京科技大学、北京林业大学、北京交通大学、中国地质大学（北京）4 所部属高校和北京协和医院（国家医学中心）等首批疏解的高校、医院正在有序落地。首批疏解的四所高校选址已

经确定，均位于起步区第五组团（启动区东北侧），自西向东依次为北京交通大学、中国地质大学（北京）、北京科技大学和北京林业大学。中国中化、中国星网、中国华能等首批 3 家疏解央企总部已经启动建设，中国矿产资源集团注册落地。据人民雄安网数据显示，截至 2022 年 7 月初，央企在雄安新区注册设立各类机构共计 110 家，在雄安新区本级注册的北京投资来源企业达到 3700 余家。

三是建立疏解工作对接机制。雄安新区以创新机制为抓手，围绕加快实现"新形象、新功能、新产业、新人才、新机制"的工作目标，持续推进北京非首都功能疏解取得新进展。成立了河北雄安新区承接疏解保障工作领导小组、领导小组办公室，以及工作专班，设立雄安新区综合服务中心和承接疏解服务窗口，为精准、有序、集中承接北京非首都功能疏解提供组织保障。雄安新区为北京企业开辟办理"绿色通道"，提供"一窗办理"和"一网通办"，优化了承接疏解的服务环境。雄安新区主动加强与北京市的工作对接，坚持高起点、高门槛承接，制定了重点承接清单，明确了"高等院校、科研机构、医疗机构、企业总部、金融机构、事业单位"等六类重点承接对象，对不符合雄安新区功能定位的功能和产业坚决不要。

四是制定疏解支持政策。雄安新区积极开展承接疏解配套支持政策制定，按照"成熟一项、报批一项、出台一项"的工作节奏推进政策落地见效。雄安新区印发实施了《河北雄安新区居住证实施办法（试行）》和《河北雄安新区积分落户办法（试行）》，增强雄安新区对北京非首都功能和人口的吸引力，为北京高端创新要素和高层次人才落户提供了政策保障。

（五）深化改革开放，打造制度创新试验田和开放发展先行区

雄安新区是新时代改革开放新高地和高质量发展全国样板。雄安新区发挥"制度创新试验田"和"开放发展先行区"的有利条件，推进改革开放的前沿政策先行先试，在行政管理体制改革、"放管服"改革、投融资体制改革、全方位对外开放等方面进行实践探索，形成了一系列可复制、可推广的经验模式和制度创新成果。

一是推动行政管理体制改革。成立了河北雄安新区工作委员会和管理委员会，构建了以"大部制"为特色的行政管理机构，形成了精简高效的行政管理体制。按照"雄安事雄安办"的要求，不断完善雄安新区党工委管委会职能，理顺雄安新区与托管的雄县、容城、安新三县管理体制，研究推动雄安新区逐步从新区管理体制向城市管理体制过渡。

二是深化"放管服"改革。雄安新区被赋予省级行政管理权限，目前可办理行政许可事项基本全覆盖。雄安新区优化行政审批流程，大力推进"一枚印章管审批"改革模式，推行政务服务中心"无差别受理"工作，实现了324项行政许可事项"无差别受理"，政务服务效能大幅提升。印发实施《关于河北雄安新区建设项目投资审批改革试点方案》，推行以"一会三函"审批为重点的工程建设项目审批制度改革，大幅度减少审批环节和压缩审批时限。

三是进行投融资体制改革。雄安新区打破土地财政的传统发展路径，探索建立长期稳定的资金投入机制，吸引社会资本参与新区建设。雄安新区坚持"开正门、堵后门"的原则，成立了中国雄安建设投资集团等投融资平台，作为雄安新区开发建设的主要载体和运作平台。雄安新区通过发行地方债等方式，用于支持起步区和启动区的城市建设。雄安新区印发实施《河北雄安新区外商投资股权投资类企业试点暂行办法》，在数字人民币、金融科技创新监管等方面进行改革创新试点。

四是推进全方位对外开放。雄安新区锚定"开放发展先行区"的发展定位，努力打造层次更高、领域更广、辐射更强的开放型经济新高地。2019 年8 月，河北自贸试验区正式挂牌。雄安片区围绕建设"高端高新产业开放发展引领区、数字商务发展示范区、金融创新先行区"的功能定位，大力发展贸易新业态新模式，加快培育合作和竞争新优势。截至 2022 年 4 月，《中国（河北）自由贸易试验区总体方案》中明确的改革试点任务，在雄安片区的总体实施率达 97.3%。成立了雄安海关，建立了雄安综合保税区和跨境电子商务综合试验区，设立了中国国际经济贸易仲裁委员会雄安分会，启动了合格境外有限合伙人业务试点，出台了外商投资股权投资类企业试点暂行办法。

第三节　雄安新区产业发展基础

在雄安新区批复设立之初，雄安新区已经形成塑料包装（雄县）、乳胶制品（雄县）、电器电缆（雄县）、压延制革（雄县）、服装（容城）、毛绒玩具（容城）、制鞋（安新）、羽绒制品（安新）、有色金属（安新）等多个传统特色产业集群。批复设立以来，雄安新区坚持高起点规划、高标准建设、高门槛承接、高质量发展和高水平推进，在产业发展顶层设计、主导产业选择、承接北京非首都功能疏解、产业升级转移、产业配套条件、产业创新生态等方面取得了显著的成效，产业发展不断迈上新台阶。

一、批复设立之初的产业基础

总体来看，设立之初雄安新区三县的经济发展水平相对较低，产业发展基础比较薄弱。2016 年，雄县、容城、安新三县土地面积 1556 平方千米，占河北省的 0.8%；年末总人口 113.6 万人，占河北省的 1.5%；地区生产总值 218.4 亿元，占河北省的 0.7%；工业增加值 115.5 亿元，占河北省的 0.9%；全社会固定资产投资 209.7 亿元，占河北省的 0.7%；规模以上工业企业单位个数 252 个，占河北省的 1.7%；出口总额 3.5 亿美元，占河北省的 1.1%；当年实际使用外资额 0.4 亿美元，占河北省的 0.5%。

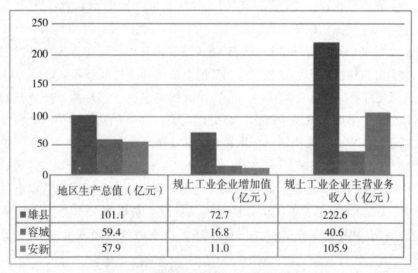

	地区生产总值（亿元）	规上工业企业增加值（亿元）	规上工业企业主营业务收入（亿元）
雄县	101.1	72.7	222.6
容城	59.4	16.8	40.6
安新	57.9	11.0	105.9

图 4　2016 年雄安新区三县主要经济指标比较

数据来源：河北经济年鉴—2017

分地区来看，雄县的主导产业是塑料包装、压延制革、电线电缆和乳胶制品。2016 年，雄县地区生产总值为 101.1 亿元，第一产业增加值为 10.6 亿元，第二产业增加值为 70.6 亿元，第三产业增加值为 19.9 亿元，规上工业企业增加值为 72.7 亿元，三次产业结构为 10.5∶69.8∶19.7。雄县是我国塑料包装产业基地，2016 年有塑料包装相关企业 3000 家左右，规上企业数 41 家，从业人员 8 万人左右。雄县已经成为我国北方地区最大的塑料包装印刷基地，被中国塑料加工工业协会评定为"中国塑料包装产业基地"，被中国包装协会评定为"中国软包装产业基地"。

　　容城县的主导产业是服装、毛绒玩具、汽车灯具和食品加工等。2016年，容城地区生产总值为59.4亿元，第一产业增加值为9.8亿元，第二产业增加值为33.4亿元，第三产业增加值为16.2亿元，规上工业企业增加值为16.8亿元，三次产业结构为16.5∶56.2∶27.3。容城是我国"北方服装名城"，2016年拥有服装加工企业2000家左右，规上企业数35家，从业人员7万人左右。容城被中国纺织业协会和中国服装协会授予"中国男装名城"和"全国纺织产业集群试点"，与浙江的义乌和诸暨并称为我国三大衬衫生产基地，是我国重要的服装生产加工与出口基地，产品涵盖西服、衬衫、夹克、休闲、棉服、运动、内衣、裤装等系列，年产各类服装4.5亿件（套），拥有25个省级著名商标。

　　安新县的主导产业是制鞋、旅游、有色金属和羽绒制品。2016年，容城地区生产总值为57.9亿元，第一产业增加值为10.0亿元，第二产业增加值为27.2亿元，第三产业增加值为20.7亿元，规上工业企业增加值为11.0亿元，三次产业结构为17.3∶47.0∶35.7。安新县是我国"北方鞋都"，是华北地区最大的鞋业加工制造基地，拥有制鞋企业1700家左右。安新县的制鞋业主要集中在三台镇，形成"南有晋江、北有三台"的制鞋产区格局。三台镇制鞋及相关企业1351家，从业人员约为8.7万人，年产鞋超过4亿双，年产值约为157.6亿元。

表3-7　2016年雄安新区三县产业发展概况

名称	地区生产总值（亿元）	第一产业（亿元）	第二产业（亿元）	第三产业（亿元）	产业结构	主导产业
雄县	101.1	10.6	70.6	19.9	10.5∶69.8∶19.7	塑料包装、压延制革、电线电缆、乳胶制品
容城	59.4	9.8	33.4	16.2	16.5∶56.2∶27.3	服装、毛绒玩具、汽车灯具、食品加工
安新	57.9	10.0	27.2	20.7	17.3∶47.0∶35.7	制鞋、旅游、有色金属、羽绒制品

　　数据来源：河北经济年鉴—2017

二、批复设立以来的产业发展变化

批复设立以来，雄安新区坚持高起点规划、高标准建设、高门槛承接、高质量发展和高水平推进，在产业发展顶层设计、主导产业选择、承接北京非首都功能疏解、产业升级转移、产业配套条件、产业创新生态等方面取得了显著的成效，产业发展不断迈上新台阶。

（一）产业发展顶层设计不断完善

雄安新区坚持高起点规划，目前已经编制完成"1+4+26"规划体系，五个外围组团和四个重点片区的控制性详细规划也已编制完成，实现了规划体系对"一主五辅多节点"的全覆盖，是一个涵盖产业、生态、交通等多领域的综合型规划政策体系。

具体到产业领域，目前雄安新区已经制定了《河北雄安新区传统产业转型升级"十四五"规划》《河北雄安新区旅游发展专项规划（2019－2035年）》《河北雄安新区旅游高质量发展"十四五"规划》《河北雄安新区农业产业结构调整专项规划（2021—2025年）》等一系列规划，出台了《雄安新区传统产业转移转型行动方案（2021—2023年）》《传统产业转移升级工作的实施方案》《关于促进传统产业转移转型升级的政策措施》《关于支持新区三县传统产业转型升级工作的指导意见》《关于支持传统产业抗疫纾困转型升级的若干措施》《雄安新区2022年传统产业转型升级"百项转型"工程申报指南》等一系列实施方案和政策措施。雄安新区的这些规划和政策体系为产业转型升级提供了方向指引和行动指南，为产业高质量发展提供了制度保障和政策支持。

（二）承接北京非首都功能疏解取得进展

雄安新区是北京非首都功能疏解的集中承载地。目前，雄安新区承接北京非首都功能疏解的政策体系日益完善。中央协同办印发实施了《有序推进北京非首都功能疏解近期工作方案》，教育部、卫健委、国资委等中央部委制定了关于高校、医院和企业总部的疏解方案，在中央层面形成了"9+3"的非首都功能疏解政策体系。雄安新区主动对接中央协同办和北京市，研究制定了集中有序承接北京非首都功能疏解的"1+3+10"的政策体系。"1"是指承接北京非首都功能疏解实施方案，"3"是指承接高校、医院、企业总部3个专项工作方案，"10"是指供地、住房、财税金融、人才薪酬、户籍保障、教育、医疗、社保、交通、科技创新等 10 个配套政策。

　　根据规划政策体系，雄安新区重点承接北京非首都功能疏解和产业人口转移，优先承接符合雄安新区定位和发展需要的高等院校、科研机构、医疗机构、企业总部、金融机构、事业单位等。以在京部委所属高校、医院和央企总部为重点，分期分批推动相关非首都功能向雄安新区疏解。截至 2022 年 8 月，北京援建的"三校一院"（北海幼儿园、史家胡同小学、北京四中、宣武医院）交钥匙项目已经陆续建成并交付使用。首批启动向雄安新区疏解的在京四所高校（北京交通大学、中国地质大学、北京科技大学、北京林业大学）和北京协和医院（国家医学中心）已基本确定项目选址。首批 3 家疏解央企（中国中化、中国星网、中国华能）总部已启动建设，中国矿产资源集团注册成立，央企在新区注册设立各类机构 110 家。

　　（三）传统产业升级转移成效显著

　　雄安新区设立以来，始终把传统产业转型升级放在突出位置。雄安新区坚持先立后破、分类施策，通过关停取缔一批、征迁转移一批、转型升级一批、改造提升一批，推动传统产业转型升级取得显著成效。雄安新区严格贯彻落实新发展理念，坚持生态优先、绿色发展，治理"散乱污"企业，通过制定环保、能耗、安全等综合标准，倒逼传统产业绿色化转型，对不符合综合标准要求的企业就地关停并转或改造提升，实现传统产业的污染制造环节全部清零。

　　雄安新区坚持高点承接与向外转移双向发力，实现新区产业"腾笼换鸟"。一方面，雄安新区从外部导入新兴产业，实现产业在承接中提升。雄安新区坚持高门槛承接北京产业转移，严格产业准入标准，限制承接和布局一般性制造业和中低端第三产业，各项疏解工作正在集中有序推进。另一方面，雄安新区推进传统产业中的加工制造等低附加值环节及高污染、高排放的一般制造业向周边具备承接条件的地区升级转移，避免污染企业"异地搬家"。雄安新区重点打造"区内总部+区外制造基地"的产业协同发展模式，形成了雄县·肃宁协同产业园、容城·涞源智慧服装产业园、雄安·定州鞋服新城等多个区外产业承接园区。实施"根留雄安"战略，整合传统产业相关企业，打造雄企、雄城、雄新三大总部平台公司，推动总部、研发、设计、标准、专利、展示、营销、品牌等留在雄安，加工制造环节集中向外转移，打造跨区域产业链集群。

（四）产业发展的配套条件得到改善

雄安新区坚持高标准建设，努力打造适合高端高新产业发展的基础设施条件。在对外交通路网方面，"四纵两横"的区域高速铁路网络和"四纵三横"的区域高速公路网络基本成型，2022 年启动区的交通路网骨架成型，直通北京的快速通道将打通。在安置房建设方面，可容纳 17 万人的容东片区和可容纳 10 万人的容西片区建成投用。在配套公共服务建设方面，商务服务中心、市民服务中心、公共资源交易中心等建成投入使用，大学园图书馆、体育中心、国际科技成果展示交易中心、城市计算（超算云）中心、雄安国贸中心等项目开工建设。

雄安新区锚定"创新驱动发展引领区"的功能定位，打造支撑产业高质量发展的创新生态系统。一是引进北京高校在雄安新区办学，目前已有北京科技大学、北京林业大学、北京交通大学、中国地质大学（北京）4 所部属高校在雄安新区建设校区，为科技创新提供源头支持和人才保障。二是引进位于北京的中央企业，目前已有中国中化、中国星网、中国华能 3 家央企总部启动建设，中国矿产资源集团注册落地，央企在雄安新区注册设立各类机构共计 110 余家。三是搭建创新平台和汇聚创新资源，目前已有中关村科技园、中科院雄安创新研究院、清华大学智能实验室、核电创新中心等创新资源汇聚雄安新区。

第四节　雄安新区产业发展条件

雄安新区的产业发展既存在有利条件，也存在不利因素。雄安新区是"千年大计、国家大事"，是继深圳经济特区和上海浦东新区之后又一具有全国意义的国家级新区，是新时代高质量发展的全国样板和改革开放的新地标。因此，仅从雄安新区现有的传统产业基础和资源禀赋结构进行分析意义不大，有必要从内部的优劣势和外部的机会威胁等方面进行科学的分析判断，以便得到有实用价值的结论。SWOT 分析是一种战略分析，通过分析雄安新区产业发展的优势（Strengths）、劣势（Weaknesses）、机遇（Opportunities）和威胁（Threats），可以更好地促进产业转型升级目标的实现。

一、雄安新区产业发展的优势

《京津冀协同发展规划纲要》指出："规划建设具有相当规模、与疏解地发展环境相当的集中承载地，重点疏解部分中央行政及企事业单位，配套跟进教育、医疗、文化等公共服务单位。"后经多方对比和反复论证，综合考虑区位、交通、土地、人口、水资源、环境容量、能源保障、产业条件、现有开发强度、未来开发潜力等因素，最终确定北京非首都功能疏解集中承载地的选址为雄安新区，这表明雄安新区具有其他地区无法比拟的优势。

（一）具有良好的区位优势

作为北京"两翼"的重要一翼，雄安新区地处京津保腹地，与北京距离适中。雄安新区距离北京太近容易与北京连成一片，难以拉开北京城市发展骨架，距离太远又难以打造"北京非首都功能疏解集中承载地"。雄安新区区位条件非常优越，距离北京和天津各为 105 千米，与京津形成等边三角形，距离石家庄、保定、北京大兴国际机场分别为 155 千米、30 千米和 55 千米，在承接北京非首都功能疏解和接受北京、天津、保定、石家庄等城市辐射带动方面具有"近水楼台先得月"的便利。

（二）具有便捷的交通优势

雄安新区东至大广高速、京九铁路，南至保沧高速，西至京港澳高速、京广客专，北至荣乌高速、津保铁路等交通干线。随着"四纵两横"区域高速铁路网络建设①，雄安新区将快速融入"轨道上的京津冀"，实现 20 分钟到北京大兴国际机场，30 分钟到北京和天津，一个小时到河北省会石家庄。随着"四纵三横"区域高速公路网络②的建设，将实现雄安新区一个小时到北京和天津，一个半小时到石家庄。随着"两主两辅"综合交通枢纽③建设，雄安新区将形成完善的区域综合交通网络、顺畅的交通路网对接和便捷的交通方式衔接。

（三）具有较强的资源环境承载能力

雄安新区地处华北平原，属于平原建城，主城区（即起步区）绕开了雄

---

① "四纵"是指京广高铁、京港台高铁京雄—雄商段、京雄—石雄城际、新区至北京新机场快线，"两横"是指津保高铁、津雄城际—京昆高铁忻雄段。

② "四纵"是指京港澳高速、大广高速、京雄高速（含北京大兴国际机场北线高速支线）、北京大兴国际机场至德州高速，"三横"是指荣乌高速新线、津雄高速、津石高速。

③ "两主"是指雄安高铁站、城际站，"两辅"是指白洋淀站、白沟站。

县、安新、容城三县的建成区，拆迁量不大，可开发建设的土地资源丰裕。雄安新区现有开发强度和城镇化水平较低，核心区所辖人口不到 10 万人，如同一张白纸，未来可塑性强，有利于集聚产业和人口，具备高起点高标准开发建设的有利条件。雄安新区水资源丰富，拥有华北平原最大的淡水湖白洋淀，漕河、南瀑河、萍河、南拒马河等多条河流在区域内交汇，可满足区域生态用水需求。雄安新区生态环境优良，随着"千年秀林"建设和白洋淀生态环境治理，雄安新区的森林覆盖率将达到 40%，蓝绿空间将达到 70%，将成为蓝绿交织、清新明亮的生态宜居新城区和贯彻新发展理念的创新发展示范区，形成对新兴产业和高端人才的巨大吸引力。

（四）具有体制机制创新的先天优势

雄安新区是新时代改革开放的"新地标"和制度创新的"新高地"。2017 年 2 月，习近平总书记在河北雄安新区规划建设工作座谈会上指出："雄安新区现在还是一张白纸。受到各方面利益牵绊较少，要发扬改革创新精神，建立体制机制新高地。"① 雄安新区需要在制约产业高质量发展的关键环节进行体制机制创新，积累形成可在其他地区复制推广的制度创新成果，发挥作为"制度创新增长极"的辐射带动作用。

（五）具有较强的后发优势

所谓后发优势，指的是作为后来者，可以学习或模仿前人所积累的大量技术，学习别人的经验和教训。雄安新区作为我国设立的第 19 个国家级新区，不仅可以充分吸收借鉴韩国大德科技园、日本筑波科学城等国际经验，也可以借鉴已有的 18 个国家级新区积累的改革创新成果和典型经验。

二、雄安新区产业发展的劣势

雄安新区设立之初以传统产业为主，新兴产业基础薄弱，创新能力不足，五大高端高新产业需要"无中生有"和"平地起高楼"。作为北京"非首都功能疏解集中承载地"和"首都功能拓展区"，雄安新区的基本公共服务水平与北京存在巨大落差，迫切需要打造"反磁力中心"，确保北京非首都功能能够疏得出、留得住、发展得好。

---

① 周誉东. 以绿色笔触擘画雄安新区"千年大计"：解读国务院关于雄安新区和白洋淀生态保护工作情况的报告 [J]. 中国人大，2021，532（16）：27-30.

（一）产业发展基础薄弱

根据《河北雄安新区规划纲要》，雄安新区的五大主导产业为"新一代信息技术产业""现代生命科学和生物技术产业""新材料产业""高端现代服务业"和"绿色生态农业"。然而，雄安新区目前的主要产业为服装、制鞋、羽绒制品、塑料包装、乳胶制品、有色金属等传统产业，五大高端高新产业在雄安新区基础薄弱。2017年，雄安新区三县规模以上工业企业申请专利数仅有39件，发明专利申请数仅有19件，新产品开发项目数仅有23件，新产品销售收入仅有1.27亿元。五大新兴产业不仅需要从外部导入，还需要构建关联配套的产业体系和创新生态，增强产业发展的根植性。

表3-8 2017年雄安新区三县规模以上工业企业申请专利和新产品开发情况

	申请专利数（件）	发明专利（件）	新产品开发项目数（件）	新产品开发经费支出（万元）	新产品销售收入（万元）
雄县	25	7	15	1935	6714
容城	3	2	1	72	0
安新	11	10	7	872	5937
三县合计	39	19	23	2879	12651

数据来源：保定经济统计年鉴—2018

（二）产业创新能力不足

雄安新区设立之初，雄县、容城、安新三县既无高等院校，也无国家级科技创新平台。雄安新区产业创新发展尚处于萌芽期，科技成果转化薄弱，产业创新能力明显不足。2016年，雄安新区三县规模以上工业企业有R&D（research and development，科学研究与试验发展）活动的企业仅有7家，有研发机构的企业仅有6家，R&D人员合计仅有140人，R&D经费内部支出仅有1929万元，其中88.2%来自企业资金。

表 3-9　2017 年雄安新区三县规模以上工业企业研发基本情况

	有 R&D 活动企业数（个）	有研发机构企业数（个）	R&D 人员合计（个）	R&D 经费内部支出合计（万元）	R&D 经费内部支出-政府资金（万元）	R&D 经费内部支出-企业资金（万元）	R&D 经费内部支出-其他资金（万元）
雄县	2	4	15	465	0	238	228
容城	1	1	47	192	0	192	0
安新	4	1	78	1272	0	1272	0
三县合计	7	6	140	1929	0	1702	228

数据来源：保定经济统计年鉴—2018

（三）基本公共服务存在巨大落差

雄安新区要想承接北京疏解出的企业和人口，首先要提供优质的基本公共服务，解决迁移人员的子女教育、医疗、就业、住房、社会保障等方面的问题，避免出现北京疏解企业"业走人留"和雄安承接产业难以存活的现象。雄安新区要打造"反磁力中心"，基本公共服务水平要不低于北京，部分领域要优于北京。只有这样，雄安新区才能避免北京的"虹吸效应"，确保北京非首都功能疏得出、留得住、发展得好，形成新的产业集聚地和经济增长极。然而，目前雄安新区的基本公共服务水平与北京相比存在巨大落差，几乎是"断崖式"的。改善基本公共服务需要巨量的财政资金投入，这对于大规模建设初期的雄安新区来说难以依靠自身财政收入来支撑，需要借助中央财政转移支付和北京的对口支援。

三、雄安新区产业发展的机遇

（一）京津冀协同发展和北京非首都功能疏解带来的机遇

2014 年 2 月 26 日，习近平总书记主持召开京津冀协同发展座谈会，专题听取京津冀协同发展工作汇报并做重要讲话。自此，以疏解北京非首都功能为"牛鼻子"的京津冀协同发展正式上升为国家战略。随着京津冀协同发展向深度广度拓展，为了集中疏解北京非首都功能，解决北京"大城市病"，河北雄安新区应运而生。雄安新区是北京"非首都功能疏解集中承载地"和

"首都功能拓展区",是北京城市"两翼"的重要一翼,是北京跳出去建新城的一次全新尝试,对于拉开北京城市发展骨架和打造京津冀世界级城市群具有重要的战略意义。京津冀协同发展和北京非首都功能集中疏解,为雄安新区产业发展带来了千载难逢的战略机遇。在中央高能级政府扶持、京津冀三地政府支持和北京非首都功能疏解助力下,雄安新区完全可以实现新兴产业"平地起高楼",形成高端高新产业核心区和创新驱动发展引领区。

(二)新一轮科技革命和产业变革带来的机遇

从全球范围看,新一轮科技革命和产业变革正在孕育兴起,基础研究领域不断向宏观拓展、向微观深入,颠覆性技术不断涌现,新技术、新产业、新业态、新模式的"四新"经济蓬勃发展,从科学发现走向技术创新和产业化的周期明显缩短。我国科技创新能力从量的积累迈向质的飞跃,从点的突破迈向系统能力提升,5G、新能源汽车、工业互联网等部分领域由过去的跟跑逐步转向并跑甚至领跑。以新一代信息技术为代表的科技革命和产业变革为后发地区"弯道超车"提供了契机,贵州贵阳等一些后发地区正是利用新一轮科技革命实现了"大智移云"等高端高新产业的"无中生有"和"平地起高楼"。雄安新区通过发挥社会主义市场经济条件下关键核心技术攻关新型举国体制,利用超大规模国内市场优势,承接北京乃至全球高端创新要素资源和高端高新产业,完全有能力快速发展成为全球科技创新中心和新兴产业集聚中心。

(三)"制度创新试验田"带来的机遇

当前,我国发展进入新阶段,改革进入攻坚期和深水区。过去的改革是渐进性和增量式的改革,容易形成共识。现在的全面深化改革所涉及的广度、深度和力度都前所未有,要啃的都是硬骨头、要涉的都是险滩。这个阶段的改革不是某个领域某个方面的单项改革,而是全方位、多领域、多层次、整体性的全面改革,任务更艰,挑战更大。我们必须认清当前我国改革所处历史方位,寻找合适的制度创新"试验田",从根本上解决制约高质量发展的体制机制障碍,增强改革的系统性、整体性和协同性,形成制度创新示范效应,为全面深化改革提供可复制、可推广的新经验和新模式。雄安新区作为我国全面深化改革的"试验田",近似一张白纸,受到各方面利益牵绊较少,可以通过"先行先试"实现"以新破局",开展系统性、整体性和协同性的改革试验,力求在一些重要领域和关键环节取得重大突破,积累形成可复制、可推广的经验,确保改革开放行稳致远。

（四）"开放发展先行区"带来的机遇

以开放促改革、以开发促发展，是改革开放40余年积累的宝贵经验。今天的中国，已经与世界高度融合在一起。面对逆全球化和贸易保护主义抬头，中国非但没有关闭开放的大门，反而以更加开发的姿态拥抱世界，以实际行动推动经济全球化造福世界各国人民。站在新时代的历史坐标上，中国必将进一步扩大对外开放，成为经济全球化的坚定支持者和践行者，在开放条件下提升产业的国际竞争力。雄安新区是全国"开放发展先行区"，旨在打造我国"扩大开放新高地"和"对外合作新平台"。雄安新区要顺应我国产业开放重点领域从制造业转向服务业的新趋势，形成服务业扩大开放的前沿阵地。雄安新区通过全面对接国际高标准经贸规则，参与数字经济等领域规则制定，加快推进制度型开放，以制度型开放引领新一轮高水平对外开放。

四、雄安新区产业发展的威胁

（一）世纪疫情冲击带来的威胁

目前，雄安新区产业发展面临的外部环境出现了一些值得关注的新情况和新问题。雄安新区设立的前两年（2017年和2018年），主要是进行高起点的规划编制和城市设计，2019年进入大规模建设阶段后遇到"新冠肺炎"疫情冲击，高标准建设和高质量发展受到一定程度的影响。在"新冠肺炎"疫情冲击下，雄安新区产业发展面临需求收缩、供给冲击、预期转弱三重压力，财政收支矛盾呈现加剧态势。

（二）"逆全球化"冲击带来的威胁

世纪疫情加剧了贸易保护主义和"逆全球化"倾向，将深刻改变全球经济走势、地缘政治格局和产业分工体系。疫情过后，全球产业可能会出现供应链"去中国化"、产业链集群化和纵向分工链条缩短等发展趋势。世纪疫情与百年变局相互叠加，国际政治经济格局发生深刻复杂变化，全球经济面临极大的不确定性。雄安新区需要主动适应外部经济形势变化，抓住疫情带来的全球产业链重构机遇，推进传统产业沿着全球价值链向中高端环节跃升，与京津及周边地区共建新兴产业链集群，共同参与全球价值链治理，确保供应链和产业链安全稳定，增强产业国际竞争力和抵御外部风险的能力。

（三）周边城市外部竞争带来的威胁

在雄安新区周边，既有北京、天津这样的直辖市，也有石家庄、唐山、保定等大城市。雄安新区处于建设初期，城镇化和工业化水平与周边城市相比明显处于弱势，存在与周边地区争夺资源和市场的现实压力。雄安新区产业基础设施尚不完善，产业配套条件有待改善，短期还难以形成"反磁力中心"，可能会面临周边大城市较强的"虹吸效应"。

第五节 雄安新区产业发展定位

产业发展定位体现产业转型升级的目标导向。雄安新区作为"创新驱动发展引领区"，重点发展高端高新产业，集聚高端创新要素，打造全球科技创新高地。根据《河北雄安新区规划纲要》，雄安新区"瞄准世界科技前沿，面向国家重大战略需求，通过承接符合新区定位的北京非首都功能疏解，积极吸纳和集聚创新要素资源，高起点布局高端高新产业，推进军民深度融合发展，加快改造传统产业，建设实体经济、科技创新、现代金融、人力资源协同发展的现代产业体系"。

一、整体产业发展定位

重点发展五大主导产业。雄安新区重点发展"新一代信息技术产业""现代生命科学和生物技术产业""新材料产业""高端现代服务业""绿色生态农业"等五大主导产业，"对符合发展方向的传统产业实施现代化改造提升，推进产业向数字化、网络化、智能化、绿色化发展"。

重点承接六类北京非首都功能。在集中承接北京非首都功能方面，确定重点承接的对象是高等院校、科研机构、医疗机构、金融机构、高端服务业、高技术产业等。在高等院校方面，重点承接"著名高校在新区设立分校、分院、研究生院等"。在科研机构方面，重点承接"国家重点实验室、工程研究中心等国家级科研院所、创新平台、创新中心"。在医疗机构方面，重点承接"高端医疗机构在雄安新区设立分院和研究中心，加强与国内知名医学研究机构合作"。在金融机构方面，重点承接"银行、保险、证券等金融机构总部及分支机构，鼓励金融骨干企业、分支机构开展金融创新业务"。在高端服务业方面，重点承接"软件和信息服务、设计、创意、咨询等领域的优势企业，以及现代物流、电子商务等企业总部"。在高技术产业方面，重点承接"新一代信息技术、生物医药和生命健康、节能环保、高端新材料等领域的央企以及创新型民营企业、高成长性科技企业"。

依靠创新驱动高端高新产业发展。通过建设一批"国家实验室、国家重点实验室、工程研究中心"等国家级创新平台,布局一批"公共大数据、基础研发支撑、技术验证试验"等开放式科技创新支撑平台,汇聚全球高端创新要素资源,提升创新支撑产业发展能力。建设世界一流研究型大学,培育一批优势学科、特色学院和高精尖研究中心,为创新发展提供源头支撑。加强与国内外一流教育科研机构和科技企业合作,构建"以企业为主体、市场为导向、产学研深度融合的技术创新体系"。创新国际科技合作模式,搭建国际科技合作交流平台,打造国际科技创新合作试验区。

二、起步区产业发展定位

产业发展重点。起步区是雄安新区的主城区,重点发展"新一代信息技术产业、现代生命科学和生物技术产业、新材料产业、高端现代服务业"等高端高新产业,为建设国际一流创新型城市、构建现代产业体系提供核心支撑。以打造高端高新产业集群为目标,加快承接和建设一批重点产业基地,引进和培育一批战略性新兴产业和高端服务业骨干企业,支撑新区产业创新发展。

产业协同发展。发挥起步区对周边地区的辐射带动作用和周边地区对起步区的产业支撑作用,在起步区周边协同建设一批加工制造和生产配套产业基地。构建跨区域产业链集群,形成"新区研发、营销、孵化和周边地区生产、配套、转化"的产业协同发展新格局。

三、启动区产业发展定位

产业发展重点。启动区是雄安新区率先启动建设的区域,重点发展"新一代信息技术产业、互联网和信息服务产业、现代生命科学和生物技术产业、现代金融业、软件信息服务和数字创意产业及其他高端现代服务业"。集中打造"金融岛""总部区""创新坊"等产业功能片区,优先承接"企业总部、金融机构、高端高新产业和现代服务业等产业项目",大力培育一批"战略性新兴产业和高端服务业企业",打造新区"显雏形、出形象"的核心城区。

产业创新体系。启动区承担着"首批北京非首都功能疏解项目落地、高端创新要素集聚、高质量发展引领、新区雏形展现"的重任,肩负着"在深化改革、扩大开放、创新发展、城市治理、公共服务等方面先行先试"的重要使命。因此,启动区要通过承接科研单位和高校、布局国家级科技创新平台和重大科技基础设施、引进和培育创新企业、集聚和吸纳创新要素资源,构建产学研相结合的创新生态和创新体系,支撑产业高质量发展。

四、外围组团产业发展定位

雄县组团、容城组团、安新组团、寨里组团和昝岗组团构成了雄安新区"一主五辅"的"五辅",即五个外围组团。每个组团都基于自身发展条件和国家战略需求,明确了各自的产业发展定位。五个外围组团之间,以及外围组团与起步区之间要实现产业差异化发展,共同构建链条清晰、错位发展、优势互补的现代产业体系。

其中,雄县组团重点发展"文化与旅游产业、商业服务业、康养度假产业"。容城组团重点发展"新一代信息技术产业、设计产业、数字创意产业"。安新组团重点发展"文化创意产业、休闲旅游产业、数字科技产业、特色金融产业、现代服务业"。寨里组团重点发展"生命科学与生物产业、高端现代服务业、数字经济产业"。

第六节　雄安新区产业空间布局

产业空间布局是产业发展定位在地域空间上的具体体现,也是产业转型升级的关键支撑。根据《河北雄安新区规划纲要》,雄安新区"坚持产城融合、职住均衡和以水定产、以产兴城原则,采取集中与分散相结合的方式,推动形成起步区、外围组团和特色小城镇协同发展的产业格局"。

一、整体产业空间布局

雄安新区综合考虑区域资源环境承载力、产业发展现状和产业发展目标,规划形成了"一主、五辅、多节点"的城乡空间布局。"一主"是指198平方千米的起步区,也是雄安新区的主城区。在起步区内划出38平方千米作为启动区,作为新区率先"新雏形、出形象"的核心城区。"五辅"是指雄县组团、容城组团、安新组团、寨里组团和昝岗组团五个外围组团。"多节点"是指若干特色小城镇和美丽乡村。

起步区重点承接"北京疏解的事业单位、总部企业、金融机构、高等院校、科研院所等功能",重点发展"人工智能、信息安全、量子技术、超级计算等尖端技术产业基地",重点建设"国家医疗中心"。

五个外围组团与起步区进行产业分工和协同发展,按照各自功能定位错位承接北京非首都功能疏解,重点布局"电子信息、生命科技、文化创意、军民融合、科技研发等高端高新产业",以及"支撑科技创新和产业发展的基础设施"。

周边特色小镇因地制宜,布局形成各具特色的产业发展格局。北部小城镇重点布局"高端服务、网络智能、军民融合"等特色产业,南部小城镇重点布局"现代农业、生态环保、生物科技、科技金融、文化创意"等特色产业。

二、起步区产业空间布局

在起步区的北部,结合大学和科研机构建设,设立大学科技园区,布局"新一代信息技术、生物、新材料等高技术产业"和"科创服务业"。在起步区的中南部,布局"金融机构、企业总部、跨国公司"等机构,发展"商务服务、数字创意"等高端服务业。起步区的产业空间布局适当留白,为未来产业发展预留空间。

起步区围绕"五片、三带、多中心"的城市功能结构进行产业布局。"五片"是指五个城市组团片区,"三带"是指起步区北部、中部、南部三条功能发展带,"多中心"是指各类城市功能节点。

"五片"是主城区产业和人口的集中承载区。五个组团片区坚持产城融合、功能混合、职住平衡,形成以"科技研发、企业总部、现代服务业"等高端高新产业为主的产业布局。

其中,第一组团重点布局"科技创新、高等教育、医疗服务"等功能,突出创新环境营造,构建起步区的创新高地。北部"创新岛"及周边地区,重点布局"优质高等教育资源、大数据和人工智能等信息产业",形成创新要素集聚区。中部"城际站点"和"东西轴线"周边,重点布局"与创新功能密切关联的科技生产性服务业"。在"创新岛"和"城际站点"之间,重点布局"商务、咨询、会议、商业、公共服务"等功能,形成创新服务轴。南部依托生态廊道和蓝绿轴带,重点布局"小型文化休闲设施、特色滨水商业"等,形成市民活动的公共空间。

第二组团重点布局"行政管理、市民服务和体育休闲"等功能。组团北部重点布局"创意、设计、软件、信息服务和人工智能"等产业。组团中部和南部重点布局"知识产权、行业标准、质量管理"等服务功能。在东西轴线北侧建设行政办公功能区,重点布局"行政办公和市民服务"等功能。南北水系两侧重点布局"文化交往、娱乐康体、商业休闲、科普体验、商务服务"等功能。

第三组团重点布局"北京疏解的事业单位和部分重要科研单位"。组团北部重点布局"文教、科研、文化创意"等功能。组团中部重点布局"公共文化服务"功能。组团南部重点布局"文化咨询、商业休闲和滨水游憩"等功能。

第四组团是起步区率先启动建设的区域,重点布局"企业总部和近期北京疏解项目"。组团北部重点布局"高新技术产业与相关科研机构""互联网产业园"和"大学科技园"。组团中南部沿东西轴线重点布局"企业总部",承接"法律咨询、会计审计、设计创意"等高端现代服务业,形成高端商务功能区。

第五组团重点布局"现代金融、国际交往和创新功能"。组团北部重点布局"文化创意、人工智能"等创新功能。组团西部重点布局"互联网+"和"+互联网"等高端高新产业,建设国际一流的"创新坊"。组团西南部重点布局"商务金融、文化交流、艺术展示"等功能,建设"金融岛"。组团南部重点布局"商务咨询、企业总部、文化交流、科技体验、国际社区"等功能,打造对外开放发展区。组团东部重点布局"新材料和新一代信息技术制造"等功能。

"三带"是指围绕主城区带状组团式城市空间结构,重点布局"科技创新、高端高新产业、绿色生态"等功能,形成三条主导功能相对集中、各类功能混合完善的功能发展带。北部功能发展带重点布局"科研创新、高等教育"等功能,形成创新驱动发展引领区。中部功能发展带重点布局"事业单位、企业总部、金融机构"等功能,形成新区发展主轴线。南部功能发展带适度布局"科研院所和创新企业",积极布局"创意设计、内容服务等文化产业",合理布局"生态文化旅游服务和国际交往功能"。

"多中心"即多个重要城市功能节点，承担着"提供优质服务、展示新区形象、支撑新区发展、开放创新引领、促进区域协调"等功能。各个功能节点要结合城市空间布局，打造特色鲜明、布局均衡、辐射全域、便捷高效的多中心体系。

三、启动区产业空间布局

启动区是起步区率先启动建设的核心区域（第四组团和第五组团西侧），西至起步区第三组团，东至起步区第五组团中部，北至荣乌高速公路，南至白洋淀。在启动区的北部，建设全球知名的"互联网产业园、生物产业园和新材料创新基地"。在启动区的中南部，布局"金融岛和总部基地"。由启动区向东西向延伸，形成产业发展轴和创新增长极，辐射带动新区产业高质量发展。

启动区围绕"一带一环六社区"的城市功能结构进行产业布局。"一带"是指中部核心功能区，"一环"是指城市绿环，"六社区"是指六个综合型城市社区。沿着中部核心功能带，自北向南集中布局"科学园、大学园、互联网产业园、创新坊、金融岛、总部区和淀湾镇"等7个特色产业和创新片区。

其中，科学园将面向前沿科学和基础科学，重点承接"国家科研院所、国家实验室、综合性科学研究实验基地、高精尖研究中心以及知名企业研究中心"，着力提高新区的原始创新能力。大学园将落实国家关于雄安新区高等教育的布局，重点承接"北京优质高等教育资源疏解"，打造国际一流的高水平研究型大学园。互联网产业园将聚焦新一代互联网技术研发和应用，重点布局"5G等国家级实验室"，结合智能城市建设，建设国际一流的产业园区。创新坊将聚焦"互联网+"和"+互联网"等新业态，重点布局"创新网络运营、现代生命科学"等高端高新产业，建设国际科技创新合作试验区。金融岛将按照功能多元、空间复合的原则，重点承接"北京金融机构疏解"和"国际知名金融机构入驻"，大力发展"数字金融等新一代金融服务"，集中布局"金融企业总部及分支机构"，支撑新区成为"重要科技金融创新中心"。总部区将集中承接"企业总部及事业单位疏解"，积极吸引"跨国公司和国际创新机构入驻"，重点布局"商务服务、数字创意、跨境支撑服务、中介专业化服务等高端现代服务业"，着力打造"国际水准的企业总部集聚区"。淀湾镇将依托自然环境景观，重点布局"文化创新、创意设计、金融创新、文化旅游、康养休闲、生态宜居"等产业。

四、外围组团产业空间布局

雄县组团南部重点布局"古城文旅产业园、古地道文创产业园",西北部重点布局"温泉康养园",北部重点布局"综合商业服务园",依托四个社区中心重点布局"商业、公共服务功能"。

容城组团沿南北向功能轴线重点布局"文化展示、商业休闲、时尚文化等产业",沿东西向蓝绿空间重点布局"1 个产业核心区和 5 个产业复合街区"。

安新组团依托"一核两翼、双环三带、三片多心"的城市空间布局,重点打造"古城文化旅游区、康养旅游区、数字创意旅游区、特色金融区、生命科学创新区、商业商务区、休闲商务区"7 个特色产业和创新片区。

寨里组团公共中心重点布局"金融服务、商务办公、科创服务、文化设施等功能",中部水系西岸重点布局"文化创意、数字经济、创新创业等产业",南部科技创新产业片区重点布局"科技创新、中小企业总部、教育科研、生命科学与生物等高端高新产业功能"。

第四章

雄安新区产业转型升级的重点难点和风险防范

雄安新区是新时代产业高质量发展的全国样板，这就决定了雄安新区的产业转型升级具有重要的示范价值。雄安新区的产业转型升级，不仅有利于自身产业高质量发展，也有利于开创国家级新区产业转型升级的全新模式，形成可在全国其他地区复制推广的经验模式和制度创新成果。然而，雄安新区的产业发展具有一定特殊性，面临一系列新形势和新问题，转型升级存在的一些制约因素和重点难点问题亟待破解。

第一节　雄安新区产业转型升级的特殊性

雄安新区产业发展具有特殊性，集中表现在四个方面。一是雄安新区设立的时空背景不同于深圳特区和浦东新区。二是雄安新区高端高新产业发展具有跨越赶超特征。三是雄安新区是"北京非首都功能疏解集中承载地"和"首都功能拓展区"。

一、雄安新区与深圳特区和浦东新区设立背景不同

雄安新区是新时代改革开放的"新地标"，与深圳特区和浦东新区一起构成我国改革开放史上的三个标杆。一个时代有一个时代的使命，一个阶段有一个阶段的标志。20 世纪 80 年代设立的深圳经济特区，旨在以开放促改革，创造了"深圳速度"，辐射带动了珠三角地区发展。20 世纪 90 年代设立的上海浦东新区，开启了社会主义市场经济体制的新探索，创造了"浦东奇迹"，辐射带动了长三角地区发展。新时代设立的雄安新区，肩负着"为我国深化改革做试点""扩大开放筑高地""转型升级立标杆"的时代重任，通过打造

"雄安质量"，形成京津冀地区高质量发展的新动力源。雄安新区不沿江、不靠海，唯有在全面深化改革中构建社会主义市场经济条件下关键核心技术攻关新型举国体制，在扩大开放中塑造对外合作新平台和产业竞争新优势，才能打造产业高质量发展的动力系统，形成产业高质量发展的全国标杆，探索出一条国家级新区产业转型升级的新路。

二、雄安新区高端高新产业发展具有跨越赶超特征

《河北雄安新区规划纲要》指出，雄安新区要重点"发展高端高新产业"和"打造全球创新高地"。但雄安新区目前主导产业以制鞋、服装、塑料包装等传统产业为主，工业化尚未完成，城镇化水平较低，产业发展处于全球价值链中低端环节。雄安新区的产业发展现状和未来五大主导产业之间存在巨大落差，高端高新产业需要"无中生有"和"平地起高楼"。随着人口红利消失，土地、资源和环境约束强化，雄安新区传统产业发展所依赖的低成本"比较优势"逐渐丧失。雄安新区上升为国家战略后，拼资源、拼环境、拼投资的老路难以为继，产业转型升级迫在眉睫。

三、雄安新区是"北京非首都功能疏解集中承载地"和"首都功能拓展区"

设立雄安新区的初衷是集中承接北京非首都功能疏解，与北京城市副中心（通州）共同构成北京的新"两翼"。其中，北京城市副中心（通州）旨在推进北京城市功能重组，通过处理好"都"和"城"的关系，为首都核心功能区（中心城区）腾出发展空间，打造北京市的行政中心和经济增长新引擎。河北雄安新区是北京跳出去建新城的一次全新尝试，是"北京非首都功能疏解集中承载地"和"首都功能拓展区"，旨在通过高点承接北京非首都功能疏解，在河北打造一座贯彻落实新发展理念的科技新城，辐射带动河北产业转型升级和经济高质量发展，缩小区际发展差距。雄安新区借助承接北京非首都功能疏解的政策优势，可以植入一些北京的高端高新产业，吸纳和集聚一些北京的创新要素和高端人才，快速形成高端高新产业集聚态势。

第二节　雄安新区产业转型升级面临的形势

当前，国内外经济发展环境发生了一些重大变化，出现了一些新情况和

新问题。"百年变局"叠加"世纪疫情","俄乌冲突"外溢效应显现,我国经济进入全面建成社会主义现代化强国、实现第二个百年奋斗目标、以中国式现代化全面推进中华民族伟大复兴的新发展阶段,正在构建以国内大循环为主体、国内国际双循环相互促进的新发展格局。雄安新区产业转型升级要准确把握国内外经济形势变化,适应经济发展新常态,对产业转型升级做出一些前瞻性思考和战略性布局,以新发展理念引领产业高质量发展。

一、全球产业链、价值链出现重构趋势

当今世界,"逆全球化"和贸易保护主义愈演愈烈,单边主义和民粹主义抬头,多边贸易体制受挫,国际经贸规则亟待重构。美国对华贸易战、科技战持续不断,中美经济脱钩、"修昔底德陷阱"等西方发达国家人为制造的障碍正成为制约我国产业沿着全球价值链攀升中高端环节的"绊脚石"。美国对中国启动"301调查报告"、封锁华为等高科技企业等行为,进一步凸显了我国产业转型升级面临的市场围堵、技术封锁和升级阻滞。世界经济在"新冠肺炎"疫情冲击下面临很大的不确定性。疫情导致人员和物资跨国流动受到限制,严重影响了供应链和产业链的安全稳定,导致全球生产网络和产业价值链分工体系发生深刻复杂的变化。

"百年变局""世纪疫情""俄乌冲突"和"经济脱钩",显示了全球产业链、供应链环节上的脆弱性,导致全球价值链参与率的回调,影响着全球贸易和产业分工格局。西方发达国家出于战略安全和产业竞争力考虑,纷纷推进"再工业化"和"制造业回流"战略,加速推进产业链本土化、区域化,对长期以来在全球范围极致运行的产品内价值链分工体系形成冲击,全球产业链和价值链存在"断链""短链"风险。全球产业链、价值链的调整和重构将成为后疫情时代经济全球化的一个显著特征。

二、我国加快构建"双循环"新发展格局

党的十八大以来,面对国内外发展环境出现的新变化,以习近平同志为核心的党中央观大势、谋全局,准确把握我国经济发展阶段性新特征,基于我国比较优势变化,统筹"两个大局",提出加快构建"以国内大循环为主体、国内国际双循环相互促进"的新发展格局。构建新发展格局,既是应对国际环境变化的战略举措,也是适应我国比较优势变化的主动选择,同时还

是塑造产业国际竞争新优势的战略布局和把握未来产业发展主动权的先手棋。

改革开放以来，我国利用劳动力成本优势，以加工贸易和服务外包等方式嵌入全球价值链，形成了市场和资源"两头在外"的国际大循环，成为名副其实的"世界工厂"。在改革开放初期阶段，我国产业处于全球价值链分工的中低端环节，与美欧的产业结构具有很强的互补性。进入新时代，随着我国产业不断攀升全球价值链中高端，中国与美欧等西方发达国家的产业互补性在下降，产业竞争性在加剧，产业转型升级面临来自西方发达国家的封锁和阻滞。我国有超大规模市场优势，构建新发展格局有利于确保产业链、供应链安全稳定，塑造产业竞争新优势。雄安新区要充分利用自身比较优势，发挥我国"超大规模市场"竞争优势和"制度创新试验田"制度优势，找准在"双循环"新发展格局中的位置，利用新发展格局培育壮大高端高新产业。

三、新一轮新科技革命和产业变革此起彼伏

经济发展的历史表明，每次大的经济危机往往伴随着深刻的产业结构调整和激烈的生产方式变革，同时也在孕育着新一轮的科技革命和产业变革。新科技革命通常会带来颠覆性技术和产业。2008 年金融危机以来，全球范围内在新一代信息技术产业、生命科学和生物技术产业、新材料产业、新能源产业等战略性新兴产业领域的颠覆性技术不断涌现，新产业、新业态和新模式层出不穷，引发了全球产业分工格局的深刻调整，重塑了国家和区域在全球产业链、价值链中的位置。大国竞争和地缘政治也在引发新一轮科技竞赛，突破"卡脖子"技术和掌握"杀手锏"技术是一国在全球产业链、价值链、供应链中占据有利位置的关键所在，也是确保本国产业链、价值链、供应链安全稳定的重要法宝。此外，新一轮新科技革命和产业变革也带来了数字经济、数字贸易、跨境电商等新的经济和贸易形态。

每一次科技革命和产业变革都是后发国家和后发地区实现"弯道超车"和"换道超车"的时间窗口。雄安新区要想打造高端高新产业集聚核心区，就要抓住新一轮科技革命带来的历史机遇，适应全球产业变革和技术发展方向，加快传统产业技术改造升级，培育壮大新经济和新产业，推进信息技术与制造业深度融合，抢占全球产业发展战略制高点，推进产业不断迈上全球价值链中高端。

四、传统产业发展面临日益强化的资源环境硬约束

改革开放以来，我国通过发挥劳动力、土地、能源、环境价格低廉的比较优势，参与国际产业分工合作，获得快速增长的经济绩效。与此同时，我国产业发展也面临日益强化的资源环境硬约束，传统的粗放式发展模式不可持续。近年来，我国劳动力成本不断上升，土地等非流动要素价格大幅上涨，资源环境承载力大幅下降，极大地增加了传统制造业的生产成本。资产价格暴涨暴跌也加大了宏观经济运行的不稳定性，影响制造业投资预期，对制造业发展产生明显的挤出效应，经济"脱实向虚"问题比较突出。

雄安新区作为"绿色生态宜居新城区"和"创新驱动发展引领区"，不能再走传统产业粗放式发展的老路。雄安新区要坚定不移走生态优先、绿色发展之路，树牢"绿水青山就是金山银山"的发展理念，把"减污降碳协同增效"作为产业绿色转型的总抓手，把绿色低碳循环发展作为科技革命和产业变革的方向，建立绿色低碳循环发展产业体系，促进产业发展全面绿色转型。雄安新区要把创新作为产业发展的第一动力，不断培育和集聚人力资本、技术、信息等高端创新要素，打破产业发展的资源环境约束，促进要素禀赋结构升级和比较优势动态转换。

五、居民消费升级迫切需要深化供给侧结构性改革

经过改革开放40多年的快速发展，我国已经成长为世界第二大经济体，人均国内生产总值已经超过1万美元，城镇化率超过60%，中等收入群体超过4亿人，中等收入群体比美国2021年的总人口（3.3亿人）还要多，具有无可比拟的超大规模市场优势。我国也是第一大工业国和第一大货物贸易国，具有全产业链优势，200多种主要工业产品产量位居世界第一。但与此同时，我国部分关键核心技术受制于人，产品供给不能更好满足国内居民消费升级需求，科技创新能力不强成为我国产业发展的"阿喀琉斯之踵"。①

随着我国进入中等收入国家行列，居民消费结构在不断升级，对中低端产品的需求降低，对高端产品的需求在上升。事实证明，我国不是需求不足

---

① 阿喀琉斯是古希腊神话中的英雄。阿喀琉斯之踵原指阿喀琉斯的脚后跟，这是其身体唯一一处没有浸泡到冥河水的地方。阿喀琉斯后来在特洛伊战争中被毒箭射中脚踝而丧命。现引申为致命的弱点、要害。

或没有需求，而是消费需求升级了，供给的产品质量和服务跟不上，导致"低端产能过剩"和"高端需求外溢"的现象并存。近年来出现的消费者出境购物、"海淘"购物等热潮，背后的根源就在于国内供给和国内需求的不匹配。当前，我国的消费已经从过去的模仿型排浪式消费转变为当前的个性化、定制化、多样化消费。雄安新区产业发展要顺应我国消费结构变化趋势，深化供给侧结构性改革，推进质量变革、效率变革和动力变革，依靠科技创新提高全要素生产率，提升改造传统产业，培育壮大高端高新产业，推进产业不断迈向全球价值链中高端，满足人民群众日益增长的美好生活需要和高品质、差异化消费需求。

第三节 雄安新区产业转型升级重点难点

雄安新区产业转型升级的重点难点集中表现在以下六个方面。一是雄安新区需要尽快缩小与北京公共服务落差，打造"反磁力中心"。二是雄安新区需要尽快提高人力资本、技术、数据等高端要素的比重，实现比较优势的动态转换。三是雄安新区需要尽快推进传统产业转型升级，推进传统产业向数字化、网络化、智能化、绿色化方向转型。四是雄安新区新兴产业导入和传统产业转型在时间上存在错位，高端高新产业"平地起高楼"任重道远。五是雄安新区需要加快构建产业创新生态系统，形成产业高质量发展新动力源，对区域产业转型升级提供科技支撑。六是雄安新区需要发挥对周边地区产业发展的辐射带动作用，形成区域产业协同发展新格局，实现产业协同高质量发展。

一、如何缩小与北京公共服务落差

雄安新区是在尚未充分开发的区域建设的一座科技新城，支撑产业发展的公共服务配套薄弱，对高技术企业和高层次人才的吸引力不足。雄安新区要增加对北京高端高新产业和高层次人才的吸引力，需要尽快缩小与北京公共服务落差，提供不低于北京的优质公共服务，打造国际一流的地方品质，形成"反磁力中心"。雄安新区如果不能在医疗、养老、社保、住房和随迁人员子女教育等方面与北京尽快缩小落差，就很难吸引在京中央企业、金融机构和事业单位的人员迁入雄安，可能会出现"业走人留"问题。即使一些企业和单位疏解到雄安新区，如果新区的公共服务配套跟不上，这些企业和单位也会陷入"留不住、发展不好"的困境。雄安新区仅靠行政力量推动北京高端高新产业迁入是远远不够的，也要充分发挥市场配置资源的决定性作用，通过政府因势利导，尽快形成优质公共服务供给，激发在京中央企业、金融机构和事业单位迁入雄安新区的内生动力，增强产业转移的积极性和主动性。

二、如何实现比较优势的动态转换

产业结构内生于要素禀赋结构，产业升级的关键在于推动要素禀赋结构升级。要素禀赋结构决定着一个地区的比较优势，进而影响着竞争优势的形成。雄安新区目前的比较优势主要体现在廉价的劳动力、丰富的土地资源和水资源、较强的资源环境承载能力。然而，雄安新区发展新兴产业对应的要素禀赋是人力资本、技术、数据等高端要素。雄安新区要想打造高端高新产业集聚核心区，就需要尽快提高人力资本、技术、数据等高端要素的比重，实现要素禀赋结构的动态转换，进而实现比较优势和新旧动能的动态转换。

二、如何推进传统产业转型升级

雄安新区产业发展现状是以传统产业为主，目前已经形成八大传统产业集群，包括雄县塑料包装产业集群、雄县乳胶制品产业集群、雄县电气电缆产业集群、雄县压延制革产业集群、容城服装产业集群、安新制鞋产业集群、安新羽绒制品产业集群和安新有色金属产业集群。这些集群内的产业主要为传统产业，产业技术含量和附加值不高，产业集中度偏低，产业布局散乱，缺乏优质龙头企业和有影响力的品牌带动，对资源环境也形成巨大压力。雄安新区传统产业进一步发展面临很强的资源环境约束和传统产业产能过剩约束，迫切需要加快产业转型升级。一方面可通过供给侧结构性改革推进技术改造提升，实现传统产业质量变革、效率变革和动力变革，促进传统产业向数字化、网络化、智能化、绿色化方向发展，提高传统产业的技术含量和全要素生产率。另一方面，推动传统产业沿全球价值链向"微笑曲线"两端的研发、设计、标准、专利、品牌、营销等高附加值、低占地、低排放环节攀升，推进加工制造等低附加值、高占地、高排放环节向有条件的周边地区整体迁出，形成"区内总部+区外制造基地"的产业协同发展格局。

四、如何促进新兴产业集聚发展

按照雄安新区的产业发展定位，新区未来重点发展五大高端高新产业。然而，雄安新区的五大高端高新产业尚处于萌芽期，新兴产业导入和传统产业转型在时间上存在错位，实现高端高新产业"无中生有"和"平地起高楼"任重道远。根据钱纳里（Chenery）依据人均收入和库兹涅茨（Kuznets）依据三次产业产值比重判断区域发展阶段的理论，目前雄安新区尚处于工业化中期阶段，产业基础以传统制造业为主，处于全球价值链中低端。构建以高端高新产业为主的现代产业体系意味着雄安新区需要跨越发展阶段，直接从工业化中期阶段进入后工业化阶段。雄安新区发展高端高新产业面临本地高端创新人才和关键核心技术不足的要素禀赋约束，迫切需要形成新兴产业集聚的触发机制和累积循环"正反馈"作用机制。

五、如何构建产业创新生态系统

产业创新生态系统是雄安新区产业转型升级的关键支撑。习近平总书记强调指出，雄安新区千万不能搞成工业集聚区，更不是传统工业和房地产主导的集聚区，要在创新上下功夫，成为改革先行区。① 雄安新区只有把创新作为产业转型升级的第一动力，才能适应和引领经济发展新常态，实现新旧动能顺畅转换，引领河北走好加快转型、绿色发展、跨越提升的新路，形成京津冀地区高质量发展新动力源和全国高质量发展样板。目前，雄安新区产业创新生态系统尚未形成，科技成果转化处于培育期，科技创新对产业发展的支撑作用还不够强。雄安新区可以在借鉴美国硅谷、日本筑波、深圳特区、浦东新区等国内外经验基础上，吸纳集聚京津乃至全球科技创新资源，构建植入型产业创新生态系统。雄安新区要准确把握"创新驱动发展引领区"的政策寓意，在引进创新主体、汇聚创新要素、优化创新环境、培育创新文化、构建创新体系等方面协同发力，打造京津冀协同创新共同体、京津雄创新三角和全球科技创新高地。

六、如何发挥对周边地区辐射带动

根据赫希曼（Hirschman）等人的不平衡增长理论、缪尔达尔（Myrdal）

---

① 本书编写组．河北雄安新区解读［M］．北京：人民出版社，2017：11.

等人的循环累积因果理论、佩鲁（Perrous）等人的增长极理论和弗里德曼（Friedman）等人的"中心—外围"理论，一个地区发展初期以"极化效应""回流效应"和"虹吸效应"为主导，"溢出效应""扩散效应"和"涓滴效应"并不明显，区域间呈现"中心—外围"格局。只有经过相当长时期后，经济发展到一定水平，中心地区对周边地区的辐射带动效应才会显现。但雄安新区要引领国家级新区的产业转型升级，在发展初期就要考虑到与周边地区的协调共同发展，避免再次出现类似"环京津贫困带"和"大树底下不长草"的现象。① 因此，雄安新区需要从"经济增长极"转化为"制度增长极"、从要素集聚中心转化为要素配置中心、从产业集聚中心转化为跨区域产业链的链主，充分发挥高能级政府和有效市场两只手的作用，实现区域协调共同发展。

第四节 雄安新区产业转型升级认识纠偏

当前阶段，雄安新区正处于产业转型升级的关键期。尽管雄安新区产业发展定位非常明确，但产业转型升级过程中仍然可能存在一些认识上的误区。关于产业转型升级的错误认识对雄安新区产业转型升级路径选择具有潜在的危害性。如果不及时纠偏错误的认识，可能会带来一系列风险，影响产业发展的安全和韧性。产业转型升级需要及时纠偏可能存在的几个认识误区，包括传统产业就是低端落后产业的认识误区、产业转型就是"退二进三"的认识误区、产业升级就是"资本、技术换人"的认识误区、传统产业与新兴产业"非此即彼"的认识误区等。

一、传统产业就是低端落后产业的认识误区

不少人认为传统产业就是低端落后产业和夕阳产业，应该逐步淘汰，这是对传统产业的错误认识。传统产业是否属于低端落后产业或夕阳产业，关键是看该产业的技术含量、产品质量和市场需求，看该产业带来的就业贡献、

---

① 2005 年，亚洲开发银行资助的一份调查报告发现，在河北省环绕京津的区域有 25 个贫困县、200 多万贫困人口，集中连片，与西部地区最贫困的"三西地区"处在同一发展水平，有的指标甚至更低。亚洲开发银行为此提出了"环京津贫困带"的概念。

税收贡献和附加价值，而非该产业存在的时间长短和要素构成。"衣食住行"中有很多传统产业，比如纺织、服装、制鞋等产业已经存在了上千年，是真正永不过时的民生产业。只要不断创新，满足人们日益多元化、个性化、高端化的消费需求，传统产业就可永葆青春。纺织、服装、制鞋等传统产业的价值链条长，即便加工制造环节存在高占地、高排放和低附加值的特点，但研发、设计、标准、品牌、营销等环节则存在低占地、低排放和高附加价值的特点。这类传统产业通常被认为是劳动密集型产业，但随着智能制造和柔性制造技术日益完善，出现了"机器取代人工"的发展趋势，传统产业中资本、技术、数据的贡献在上升，普通劳动力的贡献在下降。

因此，不能把传统产业与低端落后产业画等号，不能把产业转型升级简单理解为淘汰传统产业和发展新兴产业。要从全球价值链的视角出发，一方面引导传统产业向全球价值链"微笑曲线"两端的研发、设计、关键零部件、标准、品牌、营销等高附加值环节攀升，另一方面通过质量变革、效率变革、动力变革，推动加工制造环节提质增效，争取获得更大附加价值。雄安新区新兴产业导入和传统产业转型升级之间存在时间差。在新兴产业尚未培育壮大之前，决不能轻易搞"推倒重来式"的"腾笼换鸟"。要坚持"先立后破"的原则，合理把握传统产业转型升级的节奏和力度，在确保就业稳定和社会和谐的基础上稳步推进产业转型升级和新旧动能转换。

二、产业转型就是"退二进三"的认识误区

产业经济学中有一个著名的"配第—克拉克定理"，指的是一国或地区随着经济发展和人均国民收入水平提高，劳动力会从第一产业向第二产业转移，当经济发展和人均国民收入水平进一步提高时，劳动力又会进一步向第三产业转移。[①]"配第—克拉克定理"体现在三次产业结构上，呈现出产业结构从"一、二、三"结构转变为"二、三、一"结构，进而再转变为"三、二、一"结构的动态过程。从西方发达国家产业发展历史来看，产业结构"退二进三"是一个客观的演进趋势，符合产业发展的一般规律。

但服务业取代制造业的"退二进三"产业政策不应成为地方政府所追求的目标和政绩。决不能把产业"退二进三"这种产业发展客观演进态势作为

---

① 安虎森．高级区域经济学：第 4 版［M］．大连：东北财经大学出版社，2020：199-200.

产业转型升级的政策目标，更不能不顾发展阶段和各地比较优势过早推进"去工业化"。这是因为在新一轮科技革命的推动下，全球产业链、价值链进一步分解，出现了产品内分工、制造服务化和三次产业深度融合的趋势，传统的三次产业划分方法早已过时，产业边界日益模糊。在欧美"再工业化"和"制造业回流"的大背景下，雄安新区产业转型升级的关注点不能停留在三次产业的调整，而应关注产业质量变革、动力变革和效率变革，促进产业提质增效和迈上全球产业价值链中高端，形成"以二促三"和"以三带二"的产业互动融合发展格局。

三、产业升级就是"资本、技术换人"的认识误区

产业结构内生于其资源禀赋结构，只有遵循比较优势的产业发展才能取得较好的经济绩效。如果违背比较优势，不顾地区经济发展阶段和产业技术水平，人为地扭曲要素配置，发展不具有比较优势的产业，势必会陷入"结构升级陷阱"，难以通过比较优势的动态转换形成产业竞争优势。违背比较优势的产业也通常缺乏自生能力，在激烈的市场竞争中难以生存，需要依靠政府补贴，一旦政府停止"输血"就有可能成为"僵尸企业"。这类产业挤占了大量的发展空间，沉淀了大量的要素资源，而且容易滋生腐败和寻租。因此，政府过快推进产业要素密集度转换，实际上就是在扭曲要素资源配置，不利于真正发挥市场配置资源的决定性作用。

随着经济发展和要素丰裕度变化，产业会逐渐从劳动密集型产业向资本密集型产业和技术密集型产业转变。但从过程来看，产业发展的要素密集度转换是一个动态过程，不会一蹴而就。产业升级首先会在劳动密集型产业内部发生。随着劳动力成本上升和资本变得不再稀缺，企业首选不是淘汰劳动密集型产业，而是在劳动密集型产业内部通过机器取代人工，通过装备升级来化解劳动力成本上升的压力。或者在区外建立加工制造基地，在区内布局企业总部、研发、设计、关键零部件、品牌、营销等高附加值功能。只有当资本和技术等生产要素足够丰裕，才会真正实现"腾笼换鸟"。

此外，资本、技术、劳动力等生产要素通常是混合出现的，每个产业对它们的依赖程度也因产业性质而各异。在各类生产要素中，人（可分为一般劳动力和高等教育人力）这一要素是最为宝贵的。在波特（Porter）的竞争优

势理论中，劳动力属于初级生产要素，但高等教育人力却属于高级生产要素。[①] 人力资本这类高级生产要素对产业竞争优势起着至关重要的作用。就雄安新区而言，目前劳动力资源相对丰裕，随着在京的一些部属高校在雄安新区办学，雄安新区的人力资本也将日益丰富。而且人力资本在区域内流动是非常便捷的，北京高校培养出的人才也可以服务于雄安新区的产业发展。因此，雄安新区的产业转型升级，一方面要基于自身劳动力比较优势和服装、制鞋等传统产业优势，培养熟练技术工人和研发设计人员，实现传统产业迈上全球价值链中高端；另一方面要瞄准五大高端高新产业培育未来产业竞争优势，培育相关学科专业，培养相关行业领域的高层次人才。

四、传统产业与新兴产业"非此即彼"的认识误区

传统产业与新兴产业不是非此即彼的对立关系，而是相互融合、共生互促的关系。传统产业转型升级会不断催生出新技术、新产业、新业态和新模式。很多新兴产业是在传统产业的基础上发展起来的，或者需要传统产业为其提供配套，如智能制造、互联网+、共享单车、新能源汽车等。传统产业经过新技术、新业态、新模式的改造提升，也会焕发强大的生命力，如青岛红领制衣基于工业4.0打造"大规模个性化定制"，让传统服装产业焕发出新的生机。

高端高新产业代表着科技创新和产业发展的方向，是潜力巨大的朝阳产业。与此同时，高端高新产业具有研发成本高、产业技术不成熟、技术发展路径不确定、市场需求不稳定等特征，属于高投入、高回报、高风险的行业。高端高新产业的发展需要关联配套产业支持，如果没有传统产业的配套支撑，自身很难发展壮大。因此，雄安新区发展新兴产业不能操之过急，要遵循产业发展规律和地方比较优势，逐步实现传统产业向新兴产业的过渡。转型升级不是要推倒重来，而是要同步做好增量调整和存量优化两篇大文章。用高新高端产业代替传统产业是升级和调整，传统产业内部通过技术创新由低端向高端发展也是升级和调整。要用新技术、新业态、新模式改造提升传统产业，推进传统产业向高端化、绿色化方向发展，攀升价值链中高端，在此基础上，培育壮大高端高新产业。

---

① 迈克尔·波特. 国家竞争优势: 第2版［M］. 李明轩, 邱如美, 译. 北京: 中信出版社, 2012: 70.

第五节　雄安新区产业转型升级风险防范

作为"千年大计、国家大事"，雄安新区产业高端化发展是一个必然趋势。但产业转型升级是一个渐进过程，需要把握好节奏、力度和实施步骤，增强产业政策的系统性、灵活性和针对性，防范片面追求跨越赶超带来的各种风险。快速转型的某种风险可能并不大，但各种风险的叠加效应和相互传导可能是无法承受的，这是需要重点关注和防范的。

一、防范产业转型升级失序带来的风险

雄安新区高端高新产业的导入与传统产业的转型升级存在一段时间差。雄安新区自 2021 年下半年才正式进入集中承接北京非首都功能疏解和大规模建设同步推进的重要阶段。目前，雄安新区重点产业承接清单和高端高新产业落地时限仍存在很大的不确定性，产业园区建设、新兴产业导入和产业规模效应形成仍需要相当长一段时期。在"百年变局"叠加"世纪疫情"的时代背景下，雄安新区要避免产业转型升级失序带来的风险，避免"先破后立""不破不立"带来的强烈冲击，遵循"先立后破"的原则，坚持稳字当头，稳扎稳打，稳步推进。

二、防范产业空心化带来的风险

如果政府在高端高新产业尚未培育壮大之前，过早推进"腾笼换鸟"和"去工业化"，过快推进传统产业转型或搬迁，可能会导致产业空心化，影响国家战略的实施效果。如果笼子腾空了鸟还没有来，或者传统产业都迁出去了，新兴产业来了缺乏产业关联配套，都会导致经济增长失速和财税收入下降，对新区高标准建设和高质量发展带来负面影响。

三、防范大量企业倒闭带来的风险

由于存在路径依赖和沉淀成本，雄安新区现存的传统企业可能缺乏转型升级的内在动力和能力。如果没有有效的制度安排和转型过渡期，可能会出现传统企业的倒闭潮。传统企业数量和从业人员众多，大量企业倒闭会影响

当地就业和社会稳定。雄安新区要引导传统企业抓住转型升级的"窗口期"，加强工业设计，推进技术改造，促进效率提升，培育品牌优势，实现绿色转型，转移加工制造环节，攀升"微笑曲线"两端，帮助企业安全顺畅地实现转型升级。

四、防范产业分散转移带来的风险

雄安新区服装、制鞋、塑料包装等传统产业的最大优势在于集群优势，大量上下游关联配套企业集聚在一起，形成快速反应能力，可以极大地降低生产成本、时间成本和交易成本。企业异地搬迁，如果不能抱团整体外迁，可能会导致部分迁出企业因不适应承接地环境或缺乏配套而破产。雄安新区要引导企业在周边有条件的地区集中打造加工制造基地，推进加工制造环节抱团集中转移，打造关联配套产业集群，形成具有雄安新区特色的"区内总部基地+区外制造基地"的产业协同发展模式。

五、防范比较优势断档带来的风险

改革开放以来，雄安新区基于自身的要素禀赋结构，发挥劳动力和土地等资源优势，在纺织、服装、制鞋、羽绒制品、毛绒玩具、塑料包装等传统制造业领域取得了快速发展。但随着人口红利逐渐消失和土地资源变得日益稀缺，雄安新区传统产业的要素禀赋优势逐渐减弱。雄安新区过去粗放式的工业化发展导致资源环境承载力下降，高占地、高耗能和高排放的传统制造业与资源环境硬约束的矛盾日益突出。随着雄安新区上升为重大国家战略，粗放式发展路径不可持续，亟待从要素投资驱动转向科技创新驱动。但比较优势的动态转换是一个渐进过程，需要通过劳动力"干中学"和各类要素此消彼长来实现。如果新导入的产业和原有产业差距过大，在新兴产业形成新的比较优势之前，会出现一段时期的"比较优势断档期"和"转型升级阵痛期"。

六、防范过度依赖外需带来的风险

近年来，世界经济进入动荡变革期，全球价值链出现收缩趋势，世界贸易增速放缓。疫情冲击、经济脱钩、俄乌冲突、贸易战、科技战等一系列重大事件对全球产业分工和贸易格局形成新的挑战。面对严峻的外部形势，雄

安新区出口导向型的产业发展模式不可持续。出口导向型的发展战略导致出口企业竞相为发达国家的跨国公司做配套，弱化了区际产业联系，不利于形成自主可控的区域产业链集群。此外，企业依靠加工贸易和服务外包等方式嵌入全球价值链，尽管可以通过"干中学"实现流程升级和产品升级，但功能升级、链条升级通常会受到发达国家的技术封锁和市场围堵，产业容易被"低端锁定"。

七、防范政策不稳定带来的风险

在政策不确定和政策模糊的情形下，微观企业主体无法对未来发展做出预测和判断，最优选择就是观望或维持现状，最终也会延缓产业转型升级的进程。雄安新区要保持政策的稳定性和可预期性，避免采取"一刀切"的行政化手段推进企业转型升级。要通过政府因势利导，合理引导企业和投资者预期。要充分发挥市场配置资源的决定性作用和更好发挥政府作用，成立产业转型升级专项基金，构建能耗、环保、质量、安全、技术等综合标准，形成新区产业转型升级的激励和倒逼机制。

八、防范选择性产业政策带来的政策失误

由于政府有限理性、信息不对称和企业的逆向选择，政府在推进传统产业转型升级和培育壮大高端高新产业过程中，会出现产业政策和产业演化规律匹配失调的问题，出现政府政策错位、缺位和越位现象。选择性产业政策是一种优生而非优育的政策，通过扭曲要素价格形成某种产业的竞争优势，通过人为挑选赢家和输家，形成不公平的市场竞争环境，不利于发挥市场配置资源的决定性作用。雄安新区重点发展的高端高新产业处于产业培育期，产业技术路线和市场规模存在很大不确定性，政府的认知很难适应技术和市场的快速变化。考虑到政府的认知缺陷，不能由政府替代市场主体来选择技术路线和发展路径。"有为政府"要更好发挥作用，就应该把有限的资源集中到市场解决不了的基础研究、公共服务和"卡脖子"技术等短板上，推进产业政策从选择性特惠式向竞争性普惠式转型。

第五章

雄安新区承接北京非首都功能疏解和产业转移

集聚式承接北京非首都功能疏解和产业转移，有利于雄安新区提升传统产业、导入新兴产业、推进产业融合和优化产业结构。习近平总书记强调："雄安新区的定位首先是疏解北京非首都功能集中承载地，重点是承接北京非首都功能疏解和人口转移"，[1] "雄安新区是党中央批准的首都功能拓展区，同上海浦东、广东深圳那样具有全国意义，这个定位一定要把握好"。[2] 雄安新区如何通过有序承接北京非首都功能疏解和产业转移，打造"北京非首都功能疏解集中承载地"和"首都功能拓展区"，形成"高端高新产业核心区"和"创新驱动发展引领区"，成为一个亟待解决的重要问题。

第一节 承接北京非首都功能疏解和产业转移的战略意义

有序疏解北京非首都功能是京津冀协同发展的关键环节和重中之重，对于推动京津冀协同发展具有重要先导作用。雄安新区打造"北京非首都功能疏解集中承载地"和"首都功能拓展区"，有利于解决北京"大城市病"，有利于打造京津冀世界级城市群，有利于打造高质量发展的新动力源，有利于促进区域协调共同发展。

一、有利于解决北京的"大城市病"

京津冀协同发展的初心就是有序疏解北京非首都功能，解决北京"大城市病"问题，形成以首都为核心的世界级城市群，促进区域协调共同发展。

---

[1] 本书编写组. 雄安, 雄安［M］. 北京: 新华出版社, 2017: 8.
[2] 本书编写组. 河北雄安新区解读［M］. 北京: 人民出版社, 2017: 34.

北京出现的以人口膨胀、交通拥堵、房价高企、资源环境超限、社会管理难度加大等为典型特征的"大城市病"，背后的深层次原因就是北京集聚了过多的非首都功能。北京作为首都城市，既具有一般城市所共有的特性，也具有一般城市所不具备的首都属性。北京是中央政府和国家各部委所在地，也是众多中央企业总部、金融机构、医疗机构、教育机构的集中地，具有其他地区无可比拟的优质公共服务资源和行政资源。这导致北京叠加了过多的非首都功能，对周边地区形成"虹吸效应"。

雄安新区集中承接北京非首都功能疏解，有利于解决北京的"大城市病"。习近平总书记指出："从国际经验看，解决'大城市病'问题基本都用'跳出去'建新城的办法；从我国经验看，改革开放以来，我们通过建设深圳经济特区和上海浦东新区，有力推动了珠三角、长三角的发展。"① 把雄安新区打造成"非首都功能集中承载地"和"首都功能拓展区"，既可以充分拉开北京城市发展骨架，为首都功能核心区发展腾出空间，又可以避免北京城市发展"摊大饼"，为解决"大城市病"问题提供中国方案。北京只有把握好"都与城""舍与得""疏解与提升""一核与两翼"的关系，才能实现"瘦身健体"，形成高精尖的产业结构。

二、有利于打造京津冀世界级城市群

"以首都为核心的世界级城市群"是京津冀区域四个整体功能定位之首，是京津冀协同发展的重要目标之一。京津冀城市群的典型特征是城市结构失衡，北京和天津两个直辖市过于"肥胖"，而河北 11 个地级市过于"瘦弱"。与长三角和珠三角的多中心网络化城市群不同，在京津冀城市群中，城市规模出现明显断层现象，河北缺乏具有"二传手"的大城市承担"第三极"的重任，京津对河北的"虹吸效应"远大于"辐射带动效应"。

设立河北雄安新区，与北京城市副中心形成北京新的"两翼"，与以2022 年北京冬奥会为契机推进张北地区建设形成河北新的"两翼"，有利于调整优化京津冀地区城市布局和空间结构，重塑京津冀地区"一核、双城、三轴、四区、多节点"的城市空间格局，打造以首都为核心的世界级城市群。河北雄安新区旨在打造"京津冀世界级城市群的重要一极"，形成北京的"反磁力中心"。雄安新区可以与石保廊一起构成都市延绵带，共同承担起世界级

---

① 本书编写组.河北雄安新区解读［M］.北京：人民出版社，2017：39.

城市群"第三极"的重任，有效解决北京"大城市病"和河北中小城市功能性萎缩并存的问题。

三、有利于打造高质量发展的新动力源

当前，我国区域发展出现了一些新情况，呈现出一些新特征。一是东中西发展差距在缩小，南北经济差距在拉大。整体来看，我国北方地区经济总量占全国的比重大幅下降，全国经济重心不断南移。近十年来，东北地区经济总量占全国的比重由 2012 年的 6.9% 下降至 2021 年的 4.9%，京津冀地区经济总量占全国的比重由 2012 年的 9.4% 下降至 2021 年的 8.5%。与之对应的是，长三角经济总量占全国的比重由 2012 年的 23.5% 上升至 2021 年24.3%，长江经济带经济总量占全国的比重由 2012 年的 43.8% 上升至 2021 年的 46.6%。[1]

随着南北经济分化日益严重，亟须在我国北方地区尤其是京津冀地区打造一个高质量发展的新动力源，河北雄安新区应运而生。习近平总书记强调指出："改革开放初期设立了深圳经济特区，创造了深圳的速度，40 年后的今天，我们设立雄安新区要瞄准 2035 年和本世纪中叶'两步走'的目标，创造'雄安质量'，在推动高质量发展方面成为全国一个样板。"[2] 在雄安新区构建高质量发展的动力系统，可以增强新区对产业和人口的承载力，以及对周边地区的辐射带动力，起到平衡南北方的战略意图，加快形成优势互补、高质量发展的区域经济布局。

四、有利于促进区域协调共同发展

京津冀三地发展差距悬殊，公共服务落差巨大。以京津冀协同发展上升为国家战略的 2014 年为例，河北人均地区生产总值仅仅相当于北京的 40% 和天津的 38%，人均财政收入仅仅相当于北京的 1/6 和天津的 1/5，城镇化率比北京和天津分别低了 37 个和 34 个百分点。在京津周边地区出现了著名的"环京津贫困带"，呈现"灯下黑""大树底下不长草"的奇特现象。

河北雄安新区的设立有利于促进区域协调共同发展。一方面，作为北京

---

① 数据来自国家统计局网站中国统计年鉴。
② 李凤双，安蓓，高敬，等．努力创造新时代高质量发展的标杆：以习近平同志为核心的党中央关心河北雄安新区规划建设五周年纪实［N］．新华网，2022-03-31.

"两翼"的重要一翼，雄安新区通过与北京城市副中心错位承接北京非首都功能疏解，形成与北京中心城区、北京城市副中心优势互补的产业分工格局。另一方面，作为河北"两翼"的重要一翼，雄安新区"创新发展引领翼"与张北地区"绿色发展示范翼"振翅齐飞，可以引领河北走出一条创新发展、绿色发展、高质量发展的新路。雄安新区与周边地区通过打造跨区域的产业链集群，可以探索出一条产业协同发展和协同升级之路。雄安新区通过承接北京非首都功能疏解和产业升级转移，可以快速形成高等教育集聚高地、创新要素集聚高地和新兴产业集聚高地，培育创新驱动发展新引擎，缩小河北与京津的经济发展差距和公共服务落差。

第二节　准确识别北京非首都功能和雄安新区的功能需求

集中承接北京非首都功能疏解和产业转移，为雄安新区从外部移植高端功能和导入新兴产业提供了重要的战略机遇。要深刻认识"北京非首都功能疏解集中承载地"和"首都功能拓展区"的政策寓意，充分把握战略机遇，推动雄安新区建设成为"高水平社会主义现代化城市、京津冀世界级城市群的重要一极、现代化经济体系的新引擎、推动高质量发展的全国样板"。

一、准确识别北京非首都功能

2014 年 2 月 26 日，习近平总书记在北京考察时强调，北京要坚持和强化首都全国政治中心、文化中心、国际交往中心、科技创新中心的核心功能，调整疏解非首都核心功能，深入实施人文北京、科技北京、绿色北京战略，努力把北京建设成为国际一流的和谐宜居之都。2015 年 4 月 30 日，中央政治局会议审议通过的《京津冀协同发展规划纲要》指出，京津冀协同发展核心是有序疏解北京非首都功能，明确首都北京的核心功能定位是"四个中心"，即全国政治中心、文化中心、国际交往中心、科技创新中心。

由此可见，首都的核心功能就是建设"四个中心"，为中央党、政、军领导机关的工作服务，为国家的国际交往服务，为科技和教育发展服务，为改善人民群众生活服务。除此之外，其他都可以理解为非首都功能。

当然，并不是所有的非首都功能都需要疏解，因为北京既是首都（所在地），又是城市。城市正常运转需要一些生产、服务、管理、协调、集散等基本功能，这些功能缺失会影响首都城市功能的有效发挥。因此，有序疏解北京非首都功能，主要是疏解北京叠加的过多功能，这些功能对首都核心功能发挥已经造成了负面影响。正因为如此，《京津冀协同发展规划纲要》明确了北京非首都功能疏解的重点领域，包括一般性产业特别是高消耗产业，区域性物流基地、区域性批发市场等部分第三产业，部分教育、医疗、培训机构等社会公共服务功能，部分行政性、事业性服务机构和企业总部等四类非首都功能。北京市2014年制定了全国首个新增产业禁止和限制目录，在实施过程中又三次进行了修订，受到禁限的行业也属于北京需要疏解的产业和功能。

二、前瞻分析雄安新区功能需求

雄安新区作为"千年大计、国家大事"，必须坚持高起点规划、高标准建设、高质量发展和高水平推进。习近平总书记强调："雄安新区不同于一般意义上的新区，其定位首先是疏解北京非首都功能集中承载地，重点承接北京疏解出的行政事业单位、总部企业、金融机构、高等院校、科研院所等，不符合条件的坚决不能要。"①

由此可见，雄安新区在承接北京非首都功能疏解时，需要坚持问题导向和目标导向，前瞻性地分析自身功能需求，高点定位，高端承接，精准对焦，靶向施策，不能"萝卜白菜都往筐里装"。

北京重点疏解的四类非首都功能中，第一类，一般性产业特别是高消耗、高污染、高占地、低附加值的一般性制造业，不是雄安新区承接的对象。但制造业中高技术含量、高附加值、低耗能、低耗水、低污染的高端高新产业和一般制造业的设计研发环节可以落户雄安。第二类，区域性物流基地、区域性批发市场等部分第三产业，也不是雄安新区承接的内容。但结合雄安新区已有产业基础和未来发展需要，有必要适当规划建设一些满足雄安新区发展需要的物流基地和特色批发市场。第三类，部分教育、医疗、培训机构等社会公共服务功能，其中大部分应该作为雄安新区重点承接的对象，要主动创造条件吸引北京高校、科研院所、医院迁到雄安新区或到雄安新区建立分支机构。第四类，部分行政性、事业性服务机构和企业总部也是雄安新区需要重点承接的对象，要深入分析和合理甄别北京可能疏解的行政性、事业性

① 本书编写组．河北雄安新区解读［M］．北京：人民出版社，2017：48.

服务机构和企业总部，拉出承接清单，积极主动对接。

第三节 承接北京非首都功能疏解和产业转移的最新进展

集中承接北京非首都功能疏解是雄安新区设立的初心。目前，北京非首都功能疏解进入中央单位和相关地区协同发力的关键时期，雄安新区进入集中承接北京非首都功能和大规模建设同步推进的重要阶段，雄安新区承接北京非首都功能疏解和产业转移不断取得新进展。

一、建立了非首都功能承接政策体系

目前，雄安新区承接北京非首都功能疏解的政策体系日益完善。中央协同办印发实施了《有序推进北京非首都功能疏解近期工作方案》，教育部、卫健委、国资委等中央部委制订了关于高校、医院和企业总部的疏解方案，在中央层面形成了"9+3"的非首都功能疏解政策体系。雄安新区主动对接中央协同办和北京市，研究制定了集中有序承接北京非首都功能疏解的"1+3+10"政策体系，按照"成熟一项、报批一项、出台一项"的工作节奏推进政策落地见效。"1"是指承接北京非首都功能疏解实施方案。"3"是指承接高校、医院、企业总部三个专项工作方案。"10"是指供地、住房、财税金融、人才薪酬、户籍保障、教育、医疗、社保、交通、科技创新等十个配套政策。

二、明确了"5+6"重点承接清单

随着雄安新区进入集中承接北京非首都功能疏解和大规模建设同步推进的阶段，为了更好承接北京非首都功能疏解和产业转移，雄安新区基于国家战略定位和自身功能需求，明确了重点承接清单。按照《河北雄安新区规划纲要》《河北雄安新区总体规划》《河北雄安新区条例》，雄安新区坚持高起点承接北京非首都功能疏解和高门槛布局高端高新产业，重点打造以"5+6"为核心的产业发展体系。"5"是指雄安新区重点发展五大高端高新产业，包括新一代信息技术产业、现代生命科学和生物技术产业、新材料产业、高端现代服务业、绿色生态农业。"6"是指雄安新区重点承接六类疏解对象，包括高等院校、科研机构、医疗机构、企业总部、金融机构、事业单位。

三、推进了一批标志性疏解项目落地

根据京津冀协同发展领导小组的工作部署，将以在京部委所属高校、医院和中央企业总部为重点，分期分批推动相关非首都功能向雄安新区疏解。北京科技大学、北京林业大学、北京交通大学、中国地质大学（北京）四所部属高校和北京协和医院（国家医学中心）等首批疏解的高校、医院正在有序落地。中国中化、中国星网、中国华能等首批三家疏解央企总部已经启动建设，中国矿产资源集团注册落地。截至 2022 年 7 月，央企在雄安新区注册设立各类机构共计 110 家，在雄安新区本级注册的北京投资来源企业达到3700 余家。中国电信、中国移动、中国联通三大产业园项目开工建设，中关村科技园、中科院雄安创新研究院、清华大学智能实验室、核电创新中心等创新资源汇聚雄安新区，雄安新区的承载力和吸引力不断增强。

四、改善了承接的配套条件

雄安新区通过高标准推进科技园区、产业园区、交通路网、智慧城市建设，提高了对北京非首都功能疏解的吸引力和承载力，确保非首都功能"引得来、留得住、发展得好"。通过"千年秀林"建设和白洋淀治理，打造蓝绿交织、水城共融、清新明亮的绿色生态宜居新城区，形成有利于创新创业人才汇集的一流地方品质。通过北京援建的"三校一院"交钥匙项目等，提供优质的基本公共服务，形成"反磁力中心"。通过制定《河北雄安新区居住证实施办法（试行）》和《河北雄安新区积分落户办法（试行）》，为北京转移人口落户提供政策保障。坚持"房住不炒"原则，建立以租购并举、多主体供应为特点的新型住房保障制度，完善公共租赁住房、机构租赁房、共有产权房和商品房等多元化住房供应体系，满足转移人口的基本住房需求。

五、搭建了疏解承接对接机制

雄安新区围绕加快实现"新形象、新功能、新产业、新人才、新机制"的工作目标，创新工作对接机制，持续推进承接工作取得新进展。雄安新区成立了承接疏解保障工作领导小组、领导小组办公室，以及承接高校、医院、企业总部三个工作专班，设立雄安新区综合服务中心和承接疏解服务窗口，为精准、有序、集中承接北京非首都功能疏解提供组织保障。雄安新区为北

京企业开辟办理"绿色通道",提供"一窗办理"和"一网通办",优化了承接疏解的服务环境。

第四节 承接北京非首都功能疏解和产业转移的突出问题

雄安新区是在一个发展水平相对不高的地方建立的一个国家级新区,在承接北京非首都功能时存在一些突出问题和障碍。这些问题集中表现在三个方面,一是雄安新区与北京经济发展水平存在巨大差距,二是雄安新区与北京公共服务水平存在巨大差距,三是北京集中疏解的四类非首都功能与雄安新区重点承接的六类功能存在错位。

一、雄安新区与北京经济发展水平存在巨大差距

从工业化发展阶段来看,2017 年雄安新区批复设立时,北京已经进入后工业化阶段,形成"三、二、一"的产业结构,第三产业占比达到 82.7%。河北雄安新区三县尚处于工业化中期阶段,形成"二、三、一"的产业结构。雄安新区的主城区处于尚未充分开发建设的区域。雄安新区三个县城的地区生产总值加总后只有 189.2 亿元,仅相当于北京市经济总量的 0.6%。人均生产总值与北京的差距较大,雄县、容城、安新的人均生产总值分别相当于北京市的 15.6%、14.5% 和 9.1%。按照京津冀协同发展领导小组的决策部署,雄安新区重点承接的是北京优质非首都功能。但北京优质非首都功能对承接地的产业关联配套、基础设施条件、地方要素禀赋、本地市场需求都有较高的要求。如果疏解地和承接地的经济发展差距过大,雄安新区对北京优质非首都功能的吸引力和承载力就会受到制约,很难依靠市场机制自发引导北京非首都功能进行异地疏解。

表5-1 2017年北京与雄安新区三县经济发展情况比较

	地区生产总值（亿元）	第一产业（亿元）	第二产业（亿元）	第三产业（亿元）	三次产业结构	人均生产总值（元）	工业化阶段
北京	29883.0	121.9	5049.4	24711.7	0.4：16.9：82.7	136172	后工业化
雄县	80.0	9.2	48.0	22.8	11.5：60.0：28.5	21241	工业化中期
容城	53.1	9.2	25.6	18.4	17.2：48.2：34.6	19716	工业化中期
安新	56.1	8.4	23.7	24.0	15.1：42.2：42.8	12330	工业化中期
三县合计	189.2	26.8	97.2	65.2	14.2：51.4：34.5	–	工业化中期

数据来源：保定经济统计年鉴——2018

注释：工业化阶段根据钱纳里依据人均收入和库兹涅茨依据三次产业结构进行划分

二、雄安新区与北京公共服务水平存在巨大差距

北京作为首都，是全国公共服务资源最为密集的地区，教育、医疗等优质公共服务资源高度集聚。以高等教育为例，2019年京津冀三地的高校数量分别为93所、56所和122所。尽管河北的高校数量超过北京和天津，但行政辖区内没有985和211高校（河北省唯一的211高校"河北工业大学"位于天津市），而北京拥有8所985高校和26所211高校，天津拥有2所985高校和3所211高校。此外，北京有34所高校和162个学科进入"双一流"建设名单，其中A+类学科数量占全国的44%，研究生在校生数占全国的12.6%，是我国基础研究和原始创新的策源地。河北雄安新区在批复设立之初没有高校，在教育、医疗和社会保障等基本公共服务方面与北京存在巨大落差，对在京企业、事业单位和人才的吸引力明显不足。

表 5-2   2019 年京津冀地区高等教育资源分布情况

	高等学校数（所）	研究生在校生数（万人）	本科在校生数（万人）	985 高校数量（所）	211 高校数量（所）
北京市	93	36.10	52.74	8	26
天津市	56	7.33	35.99	2	3
河北省	122	5.52	82.29	0	1
京津冀	271	48.95	171.02	10	30

数据来源：Wind 数据库

三、北京疏解功能和雄安新区承接功能存在错位

集中有序疏解北京非首都功能是京津冀协同发展的关键环节和重中之重，集中有序承接北京非首都功能是雄安新区批复设立的出发点和最根本的战略定位。但北京集中疏解的四类功能与雄安新区集中承接的六类功能存在明显错位。按照党中央的战略部署，北京重点疏解四类非首都功能，包括"一般性产业特别是高消耗产业""区域性物流基地、区域性专业市场等部分第三产业""部分教育、医疗、培训机构等社会公共服务功能""部分行政性、事业性服务机构和企业总部"。雄安新区重点承接六类非首都功能，包括"高等院校""科研机构""医疗机构""企业总部""金融机构""事业单位"。雄安新区严格限制承接一般性制造业的加工制造环节和中低端第三产业。由此可见，北京想要疏解的非首都功能很大一部分都不是雄安新区想要承接的对象，疏解和承接出现了一定程度的错位。北京重点疏解的四类非首都功能中，第一类和第二类显然不是雄安新区承接的重点，第三类和第四类受行政区经济束缚，目前主要是向北京辖区内、城六区外疏解，很少能够真正跨行政区域疏解到雄安新区。

第五节   承接北京非首都功能疏解要做好七个结合

随着京津冀协同发展向深度广度拓展，雄安新区进入集中承接北京非首都功能和高端高新产业的关键阶段。在新发展阶段，雄安新区要准确把握中

央的战略决策部署，顺应国内外发展环境变化，准确识变、科学应变和主动求变，精准有序承接北京非首都功能疏解和产业转移。具体而言，就是要做好七个结合。

一、与雄安新区"千年大计"相结合

作为北京"一体两翼"的重要组成部分，河北雄安新区既是北京非首都功能疏解集中承载地，也是首都功能拓展区，还是以首都为核心的世界级城市群中的重要一极，与北京共同形成全国创新驱动经济增长新引擎。雄安新区在承接北京非首都功能疏解时，要坚持高起点、高门槛的原则，立足于高端高新产业培育和科技创新要素集聚，立足于未来长远发展，必要时可以吸引一些首都功能在新区延伸拓展。

二、与雄安新区"四区"功能定位相结合

规划建设河北雄安新区，首要定位是打造北京非首都功能疏解集中承载地，具体定位还包括绿色生态宜居新城区、创新驱动发展引领区、协调发展示范区、开放发展先行区。符合上述"四区"定位的非首都功能，雄安新区要率先主动承接，不符合"四区"定位的非首都功能坚决不能承接。

三、与雄安新区资源环境承载力相结合

要立足于雄安新区现有开发强度、生态环境容量和未来开发潜力，合理确定功能分区，优化产业空间布局，促进产业发展、人口分布与资源环境承载力相协调。根据各功能区的资源环境承载能力，划定生态红线和城市开发边界，合理控制城市开发节奏和开发强度，集中有序承接北京非首都功能疏解。

四、与雄安新区空间均衡相结合

在承接北京非首都功能疏解时，要遵循空间均衡理念，按照组团式发展要求，引导功能、产业、人口、交通基础设施在地域空间上合理配置。坚持"产城融合、功能混合、职住平衡""大分散、小集中、多中心"的原则，促进各组团片区形成功能比较完备、产业特色突出、土地集约利用、交通便捷高效、人与自然和谐、职住相对平衡的功能布局。

五、与雄安新区建设反磁力中心相结合

北京周边地区出现"大树底下不长草"和"灯下黑"现象的根本原因在于北京对周边地区要素资源的单边吸附。"环京津贫困带"的出现告诉我们，雄安新区不能仅仅满足于打造北京非首都功能疏解集中承载地，还必须提供比北京更优质的公共服务，不仅让北京非首都功能能够转得出，还能够留得住，发展得好。

六、与雄安新区辐射带动周边地区相结合

规划建设雄安新区，就是要补齐河北区域发展的短板，首先要辐射带动冀中南加快发展。雄安新区在承接北京非首都功能疏解过程中，要立足与周边地区形成产业关联配套，打造"区内总部基地+区外制造基地"的产业联动发展模式，形成跨区域产业链集群，实现区域创新链、产业链、政策链、服务链紧密有效对接，提升区域整体产业竞争力。

七、与河北省产业转型升级相结合

河北省是全国产业转型升级试验区。雄安新区承接北京非首都功能疏解要与河北省产业转型升级相结合，避免污染企业"异地搬家"。要处理好非首都功能承接和产业转型升级的关系，让承接的产业在转移中提升技术水平，降低污染排放，实现绿色、低碳、高效发展，引领带动河北走好加快转型、绿色发展和跨越提升新路。

第六节 精准承接北京非首都功能疏解和产业转移

集中承接北京非首都功能疏解是雄安新区设立的初心，是雄安新区最根本的定位，对新区开好局、起好步具有重要的先导作用。未来一段时期，雄安新区要加强与北京及周边地区的规划衔接和政策对接，加快补齐基本公共服务短板，集中承接北京优质非首都功能，主动对接北京科技创新中心功能，通过有为政府和有效市场协同发力，精准高效承接北京非首都功能和高端高新产业。

一、加强规划衔接和政策对接

加强与中央协同办、国家发改委、北京市政府等的制度性协商，实现规划衔接和政策对接。雄安新区作为北京"一体两翼"的重要组成部分，要加强与北京城市副中心通州的沟通协商，差异化承接北京非首都功能，实现功能互补和错位发展。雄安新区作为河北"一体两翼"的重要组成部分，要加强与张北地区的分工合作，通过河北"两翼"串起京津、京保石和京唐秦三条发展轴，以及中部核心功能区、东部滨海发展区、南部功能拓展区和西北部生态涵养区四个功能区，形成雄安新区"创新发展引领翼"和张北地区"绿色发展示范翼"，共同带动区域经济高质量发展。雄安新区要加强与周边毗邻地区的沟通协商，实行统一规划、统一政策和统一负面清单，统筹产业布局和基础设施建设。

二、高起点承接北京优质非首都功能

作为"北京非首都功能疏解集中承载地"，雄安新区要找准北京重点疏解的功能和自身重点承接的功能之间的契合点，制定承接北京优质非首都功能的正面清单、承接方案和配套政策，统筹解决好"疏解哪些、往哪儿疏解、谁来承接、如何承接"等问题，做到精准有序承接。作为"高质量发展的全国样板"，雄安新区要坚持高起点承接，避免"萝卜白菜都往筐里装"，形成高质量发展的新动力源和现代化经济体系的新引擎。对于北京重点疏解的第一类和第二类产业功能，要严格产业准入标准，重点承接先进制造业和高端服务业，避免低端落后产能"平行位移"或污染企业"异地搬家"。对于第三类和第四类公共服务和行政功能，重点承接符合雄安新区定位和发展需要的"高等院校、科研机构、医疗机构、企业总部、金融机构、事业单位"。承接北京非首都功能疏解，要以是否符合雄安新区"四区定位"为标准，把雄安新区打造成全国绿色生态宜居新城区、创新驱动发展引领区、协调发展示范区和开放发展先行区。

三、促进北京科技创新功能向雄安新区延伸拓展

雄安新区既是"非首都功能疏解集中承载地"，也是"首都功能拓展区"。雄安新区要准确把握"首都功能拓展区"的政策寓意，敢于在北京

"四个中心"功能定位中找寻重点承接的功能清单。在北京"四个中心"核心功能定位中，"科技创新中心"这一功能定位与雄安新区"创新驱动发展引领区"的功能定位不谋而合。因此，可以将北京"四个中心"中的"科技创新中心"这一核心功能向雄安新区延伸拓展，推动北京科技创新要素向雄安新区集聚，促进科技创新平台向雄安新区开放共享，引导北京科技创新成果在雄安新区孵化转化，实现北京科技创新政策向雄安新区辐射带动。雄安新区要主动对接北京中关村科学城、怀柔科学城、未来科学城、北京经济技术开发区等"三城一区"，为承接北京高端高新产业提供科技支撑。推进雄安新区与北京"三城一区"、天津国家自主创新示范区、石保廊全面创新改革试验区一起，打造"京津雄"创新三角和京津冀协同创新共同体。加强雄安新区与北京科技合作，共建雄安新区服装设计研究院、玻璃研究院、钢铁研究院、装备制造研究院等与河北产业结构高度契合的传统产业研发机构，通过雄安新区的研发和创新，带动河北传统产业转型升级。发挥雄安新区作为"创新驱动发展引领区"的作用，促进雄安创新链与周边地区产业链有效对接，为雄安高端高新产业发展和河北产业转型升级提供科技支撑。

四、推进北京高端高新产业"异地扩张"

作为"千年大计"和"未来之城"，雄安新区要坚持以水定城、以水定人、以水定产的原则，强化资源环境硬约束，提高产业准入门槛，优化功能和人口在新区的空间布局。把北京"减量发展"和雄安新区"增量发展"更好地结合起来，推进北京高端高新产业"异地扩张"。雄安新区既要高门槛承接北京"减量发展"的产业，更要加强与北京市政府的沟通协商，引导北京高端高新产业到雄安新区发展，促进北京科技创新成果在雄安新区孵化转化。探索建立"飞地经济""异地产业园""异地监管""联合开发区"等跨区域产业合作模式，构建"财税分成""GDP共计"等共建共享产业合作机制，吸引北京高端高新产业向雄安新区拓展发展空间。要加强产业园区等基础设施和智慧城市建设，构建产业创新生态系统，完善产业发展配套条件，提高新区对北京高端高新产业的承接能力。

五、尽快缩小与北京公共服务差距

雄安新区只有提供与北京基本相当的公共服务，才能吸引在京企业和创新型人才到雄安新区创新创业，实现北京功能和人口"双疏解"的目标，确保疏解功能"引得来、留得住、发展得好"，避免出现"业走人留"现象。建议在现行的《河北雄安新区居住证实施办法（试行）》和《河北雄安新区积分落户办法（试行）》的基础上，进一步研究制定"两个不低于"的"人才特区"政策。"两个不低于"是指从北京转移至雄安新区的高端创新型人才享受的基本公共服务不低于北京，工资水平不低于北京。要准确界定符合"两个不低于"的人才标准和覆盖范围，合理引导预期，既要增强吸引力，又要确保财政可负担。在户籍制度、高考政策、子女教育和社会保障等方面推出一揽子切实管用的集成创新政策，真正破解"业走人留"的难题。以"三校一院"等标志性建设项目为抓手，引入北京优质的教育、医疗、文化等资源，尽快缩小雄安新区与北京在基本公共服务领域的差距，形成对北京的"反磁力中心"。

六、在融入新发展格局中培育新兴产业

雄安新区要顺应外部环境变化，主动融入以国内大循环为主体、国内国际双循环相互促进的新发展格局，在对接和服务京津及周边地区的过程中加快发展自己。建立与京津及周边地区产业协同发展机制，打造跨区域新兴产业链集群，绝不搞自我封闭的地区小循环。发挥雄安新区特有的制度创新优势和我国超大规模市场优势，构建社会主义市场经济条件下关键核心技术攻关新型举国体制，解决制约高端高新产业发展的各类"卡脖子"和瓶颈问题。在服务业扩大开放方面进行压力测试，将北京服务业扩大开放试点政策向雄安新区延伸拓展，打造高端服务业扩大开放新高地和对外合作新平台。

七、制定差异化的政绩考核标准

北京和雄安新区作为异质区域，在资源环境承载能力、现有开发强度和未来发展潜力方面存在明显差异，在地方政府政绩考核中，需要根据各自功能定位，制定差异化的政绩考核标准。北京作为首都，应围绕"全国政治中心、文化中心、国际交往中心、科技创新中心"建设，淡化经济中心，通过疏解非首都功能来缓解日益严重的"大城市病"。因此，北京的绩效考核应侧重非首都功能疏解、经济发展方式转变和产业结构调整，把减量考核作为重要考核标准，弱化对经济增速、财政收入、招商引资等经济指标的考核。雄

安新区应围绕"四区定位"和"七大重点任务",积极承接北京非首都功能疏解,大力发展高端高新产业,努力打造贯彻落实新发展理念的创新发展示范区。雄安新区的政绩考核,侧重于集中承载地建设、高端要素集聚、高端高新产业培育、现代智慧城市打造和公共服务供给,强化对高端项目引入、经济提质增效和产业转型升级的考核,弱化对经济总量、增速、财税等指标的考核。

八、推进政策和体制机制创新

雄安新区要建立与北京市相关部门的工作对接和定期会商机制,持续跟踪和解决承接非首都功能过程中出现的突出问题,做好后续支持政策的研究储备工作。建立雄安新区承接北京非首都功能的激励约束机制,制定实施土地、财税、金融、人才、开放等一揽子配套政策,汇聚起疏解地的推力、承接地的引力、疏解单位的动力和中央部门的助力,形成强大疏解合力。由于一些在京事业单位等隶属于中央部委管辖,需要建立中央政府和京津冀三地政府共同参与的"三地四方"协调机制,依靠高能级的中央政府出面协调推动。

九、推进政府与市场协同发力

雄安新区承接北京优质非首都功能和高端高新产业,需要政府与市场协同发力。既要合理发挥政府顶层设计、规划、政策的引导作用,形成疏解的"推力",又要充分发挥市场配置资源的决定性作用,提高承接地的"引力"。对于北京疏解出的行政事业单位、国有企业、教育、科研、医疗、培训、金融机构,政府可以发挥主导作用,统筹谋划布局。对于非政府机构、民营企业等市场化主体的疏解,需要政府引导和市场诱导相结合,更多发挥市场作用,政府不宜过多干预。由于北京非首都功能过度集聚是由于行政因素导致的市场选择结果,因此需要更好地发挥政府作用,通过行政手段打破各种市场约束,为市场发挥配置资源的决定性作用铺平道路。

第六章

雄安新区传统产业转型升级和产业融合发展

长期以来，在经济全球化的推动下和跨国公司的主导下，全球产业分工越来越细，逐渐从早期的产业间分工、产业内分工延伸至目前的产品内价值链分工。雄安新区作为一个后发地区，传统产业如何沿全球价值链向中高端环节攀升，如何在模块化助力下实现产业融合发展，是一个亟待解决的现实问题。全球价值链和模块化理论可以很好地解释产品内价值链分工现象，为雄安新区传统产业转型升级和产业融合发展提供一个基本分析框架。

第一节　全球价值链的最新变化趋势

在过去相当长时期，各个国家和地区基于自身的资源禀赋优势，嵌入全球价值链的不同环节，形成"你中有我、我中有你"的全球产业分工网络。随着产品的复杂程度和生产迂回化程度越来越高，全球产品内价值链分工成为国际分工的主流，国际贸易的重心从最终品贸易转移到中间品贸易，全球价值链不断扩张和延伸。但 2008 年全球金融危机以来，全球价值链出现了停滞不前的现象。近年来，百年变局叠加世纪疫情，俄乌冲突外溢效应显现，科技革命和产业变革风起云涌，全球价值链出现了新的变化趋势，数字技术和平台经济成为全球价值链新的驱动力。

一、逆全球化背景下的制造业全球价值链收缩

近年来，贸易保护主义抬头，经济全球化遭遇逆流。美国等西方国家为了维护自身的霸权利益，不惜以"经济脱钩"为代价来遏制中国经济发展。世界上最大的两个经济体的贸易战和科技战，必将干扰全球价值链、产业链

和供应链的正常运行，导致全球价值链出现"短链化、本土化、区域化"倾向。美国、德国等发达国家的再工业化和制造业回流战略，也进一步加剧了全球价值链的"内顾化"倾向。根据 WTO 发布的《2019 年全球价值链发展报告》，2008 年金融危机发生后，全球价值链出现了增长停滞现象，2013 年以后全球价值链出现明显收缩。麦肯锡全球研究院的报告也显示，2013—2017 年区域内贸易占全球贸易的比重增长了 2.7%，反映出全球价值链的区域集中度提高。此外，制造业全球价值链收缩也与部分制造业产品内分工深化遇到"天花板"有关，贸易保护主义和逆全球化则提供了制造业全球价值链收缩的"催化剂"。随着产品生产的迂回化程度越来越高，部分行业产品生产的可分割性达到极限。跨国公司利用世界各国的要素禀赋比较优势，将产品不同生产工序、区段、模块在全球范围进行布局，导致各种零部件、元器件等中间品在国家间频繁交易，"为出口而进口"的中间品贸易大行其道。在贸易保护主义和逆全球化冲击下，即便一个微小税率的变化也将产生放大效应，既使一个关键零部件流通受阻也将大大延迟最终产品的交货时间。在统筹考虑发展和安全的情况下，作为全球价值链主导者的跨国公司也有意缩短生产链条在全球的大空间尺度配置，并努力增强产业链的安全和韧性。

二、技术革命推动下的服务业全球价值链扩张

尽管传统制造业全球价值链分工出现了停滞和减速，但在新一轮科技革命和产业变革的推动下，尤其是在数字技术和数字经济的加持下，复杂技术产品的全球价值链分工、服务业的全球价值链分工和创新链的全球分工仍在快速推进。以长期被视为非贸易行业的服务业为例，数字技术和互联网技术正在改变服务业不可贸易的属性，线上教学、网上药店、云上音乐会、居家办公等新业态不断涌现，打破了"点对点""人对人"对服务业发展的束缚。以 NBA 篮球赛事为例，今天的 NBA 球员和几十年前的 NBA 球员相比，球员的技术水平和球赛的可观赏性并没有提高太多，但是在数字技术的加持下，观看球赛突破了时空限制，人们无须到现场也能观赏到一场高清赛事，球赛的观看人数呈现出爆炸式增长，球员的收入水平（含广告收入）要比几十年前增长了很多倍。过去人们通常认为，制造业发展可以通过机器取代人工来大幅提高生产效率，进而促进经济高速增长。服务业常被视为生产效率增长较慢的部门（例如一名教师或一位保姆所能提供的服务长期不变，即生产效

率提高很慢），服务供给效率难以通过技术替代快速提升。一旦产业进入后工业化阶段，服务业生产效率"低"的属性将会促使经济增速"下台阶"，出现"鲍莫尔病"。① 但在技术革命推动下和数字经济赋能下，服务业生产效率"低"的属性也在发生改变，制造业服务化并不必然导致经济失速或经济增速"下台阶"。大数据、移动互联网、物联网、人工智能、云计算等新技术、新产业方兴未艾，数据成为一种关键的新型生产要素，数字技术和平台经济成为全球价值链新的驱动力和产业升级方向。

三、百年变局冲击下的全球价值链治理变革

当前，世界百年未有之大变局正处于加速演变期，全球经济进入动荡变革期，俄乌冲突进一步加剧冷战思维扩张和地缘政治紧张，多边主义、保护主义、霸权主义抬头。以中国为代表的一大批新兴市场国家出现群体性崛起，"东升西降"的全球经济格局正在形成，全球经济治理体系面临深刻重塑。全球价值链是参与全球经济治理的重要载体。目前，传统产业领域的全球价值链治理主要由发达国家控制，包括苹果等跨国公司主导的生产者驱动型全球价值链，以及沃尔玛等国际大买家主导的购买者驱动型全球价值链。中国在过去几十年嵌入全球价值链的模式主要是以加工贸易方式嵌入跨国公司主导的生产者驱动型全球价值链，以及以贴牌代工等方式嵌入国际大买家主导的购买者驱动型全球价值链，受到全球价值链"链主"的"纵向压榨"，产业升级容易陷入"低端锁定"和"路径依赖"。当前，中国已经成为世界第二大经济体和第一大贸易国，统筹"两个大局"要求我们加快构建"以我为主"的全球价值链治理模式。"一带一路"倡议为我国本土跨国公司大规模走出去构建"以我为主"的生产者驱动型全球价值链提供了契机，"双循环"新发展格局为我国大买家利用超大规模母国市场优势构建"以我为主"的购买者驱动型全球价值链提供了机遇。此外，随着科学技术创新、商业模式创

---

① "鲍莫尔病"是著名经济学家鲍莫尔提出的一个经济现象。鲍莫尔认为，在一个经济中，各部门劳动生产率的增长率通常是不一致的。当存在这种差异化时，生产率增长较快的"进步部门"的工资上涨会同时带动那些生产率增长较慢的"停滞部门"的工资上升，而这种效应会导致"停滞部门"吸引更多的劳动力、形成更大的产出。久而久之，"停滞部门"在整个经济中所占的比例将会越来越高，而整个经济的生产率增长则会因此而降低。在现实当中，制造业生产率的增长率要远高于服务业，通常把制造业视为"进步部门"，而把服务业视为"停滞部门"。在这种预设下，所谓的"鲍莫尔病"也经常被重新表述为因服务业比重提升而导致的劳动生产率的下降。

新和数字经济赋能，全球价值链的驱动机制正在由生产者驱动和购买者驱动的"二元驱动"向生产者驱动、购买者驱动、互联网平台驱动和数字技术驱动的"四元驱动"转变。这为中国参与数字经济、跨境电商等新兴产业领域全球价值链治理提供了"换道超车"的机会。

第二节 雄安新区攀升全球价值链的优劣机威分析

优劣机威分析是一种战略分析方法，可以对研究对象所处情景进行全面、系统、准确的研究，并根据分析结果进行战略和政策制定。在制定雄安新区跃升全球价值链中高端的战略和政策之前，有必要进行缜密的优劣机威（SWOT）分析，研判雄安新区攀升全球价值链的优势（Strengths）、劣势（Weaknesses）、机遇（Opportunities）和威胁（Threats）。

一、雄安新区攀升全球价值链的优势

雄安新区攀升全球价值链至少存在三种优势。一是后发优势。雄安新区属于平原建城，工业化尚未完成。跨国公司主导的全球价值链为雄安新区传统产业沿全球价值链"扶梯"拾级而上提供了清晰的"路线图"。雄安新区可以充分发挥产业技术差距带来的后发优势，广泛引进、消化、吸收国内外的先进技术成果，实现比较优势的动态转换，逐渐培育形成产业竞争新优势。二是市场优势。雄安新区是北京和河北两个"两翼"的共同节点，这意味着考察雄安新区的本地市场规模应拓展至北京乃至整个京津冀地区。同时，作为"千年大计、国家大事"，雄安新区还可充分利用超大规模母国市场优势。三是制度优势。雄安新区是新时代的改革开放新高地和制度创新试验田，也是社会主义市场经济条件下关键核心技术攻关新型举国体制的最好实践场景，可以为产业沿全球价值链向中高端跃升提供优越的制度环境。

二、雄安新区攀升全球价值链的劣势

雄安新区攀升全球价值链的劣势主要来自两个方面。一是传统产业基础薄弱，科技创新能力不够强，关键核心技术受制于人。雄安新区传统产业以加工贸易等方式嵌入跨国公司主导的生产者驱动型全球价值链，容易陷入

"低端锁定"，在沿全球价值链向"微笑曲线"左侧的研发、设计、专利等高附加值环节攀升时受到"发包方"的较大阻力。二是雄安新区现有企业规模普遍偏小，缺乏响当当的自主品牌，国际市场销售渠道受制于人。雄安新区中小企业以贴牌代工等方式嵌入国际大买家主导的购买者驱动型全球价值链，容易陷入"比较优势陷阱"，在沿全球价值链向"微笑曲线"右侧的营销、品牌、物流、售后服务等高附加值环节攀升时受到国际大买家的较大阻力。

三、雄安新区攀升全球价值链的机遇

雄安新区攀升全球价值链的机遇主要来自四个方面。一是新一轮科技革命和产业变革带来的"机会窗口"。每一次科技革命和产业变革，都会带来新技术、新产业、新业态和新模式，都会为后发地区发展新兴产业提供宝贵的"机会窗口"。例如贵州贵阳抓住大数据产业"机会窗口"，快速实现大数据产业"无中生有"和全球价值链跨部门升级。① 安徽合肥同样抓住新一轮科技革命和产业变革机遇，聚力"芯屏器合"和"集终生智"，实现新型显示、集成电路、人工智能等高端产业跃升。② 当前，新一代信息技术产业和数字经济蓬勃发展，数字技术能够为产业转型升级赋能。雄安新区如果能够抓住"大智移云"等新一代信息技术产业的"机会窗口"，利用数字孪生城市建设带来的机遇，同样可以实现主导产业"换道超车"、新兴产业"平地起高楼"和传统产业高端跃升。二是北京非首都功能疏解带来的机遇。雄安新区通过承接北京非首都功能疏解和产业转移，可以筑牢高端产业发展根基，在全球价值链中占据更加有利的位置。尤其是部分中央企业迁入雄安新区后，雄安新区有条件在部分产业领域形成"以我为主"的生产者驱动型全球价值链。

---

① 近年来，贵州全力实施大数据战略行动，积极抢占大数据发展制高点，建设首个国家大数据综合试验区。数字产业化、产业数字化步伐加快，大数据与实体经济深度融合，数字经济增速连续 7 年全国第一。万秀斌，汪志球，程焕. 新时代多彩贵州走出发展新路[N]. 人民日报，2022-08-04（2）.

② 近年来，安徽抢抓新一轮全球科技革命和产业变革机遇，以"芯屏器合"（芯片、显示屏、装备制造及机器人、人工智能和制造业融合）为标识的现代产业体系正加快构建。在合肥，集成电路、新型显示器件、人工智能入列首批国家战略性新兴产业集群。合肥智能语音入列国家先进制造业集群，国家智能语音创新中心落户合肥；新型显示实现"从一粒沙子到一台整机"的全链布局，成为世界重要的显示产业基地；集成电路集聚产业链企业 300 余家；新能源汽车产业头部企业大众、蔚来、比亚迪接连落户。吴焰，韩俊杰，游仪. 谱写现代化美好安徽建设新篇章[N]. 人民日报，2022-07-22（9）.

三是双循环新发展格局带来的机遇。雄安新区可以充分利用本地市场和母国市场优势，向国外"逆向发包"制约产业发展的关键技术需求，并通过新型举国体制实现关键核心技术"逆向创新"、开放创新、协同创新和突破式创新。四是"一带一路"和区域全面经济伙伴关系协定（RCEP）带来的机遇。雄安新区可以推动本地企业和迁入企业沿着"一带一路"和 RCEP 沿线国家"走出去"，利用两个市场、两种资源，推进国际产能合作，成为部分全球价值链的"链主"，参与全球经济治理，提高自身在全球价值链中的价值获取能力和链条主导权。

四、雄安新区攀升全球价值链的威胁

雄安新区攀升全球价值链的威胁主要来自两个方面。一是来自发达国家的技术和市场封锁。在供给端来看，现有全球价值链治理仍以跨国公司为主导。跨国公司掌握全球价值链上的关键核心技术，并将复杂产品进行任务分解和模块化，形成不同的零部件、区段和生产工序，在全球范围内进行生产和服务外包。这种产品内价值链分工模式，可以使跨国公司获得更大的专业化分工红利和市场份额，并通过"链主"地位牢牢掌握价值链的主导权。后发国家和地区在沿全球价值链进行功能升级和链条升级时受到"链主"的制约。从需求端来看，国际大买家利用自身拥有的国际知名品牌优势和国际市场销售渠道优势，通过生产外包和产品贴牌，控制后发国家和地区的接包方。雄安新区要想迈上全球价值链中高端，就必须在供给和需求两端找到突破点，尽快掌握关键核心技术和培育自主品牌。二是来自其他地区的激烈竞争。过去 40 多年，我们走了一条"先国际化、后区际化"的开放发展路径，区际开放滞后于对外开放。其结果是各个地区通过招商引资竞相嵌入发达国家主导的全球价值链，形成了对国外市场和跨国公司的高度依赖，弱化了区际产业联系。在"以 GDP 论英雄"的政治晋升锦标赛激励下，各个地区致力于辖区内的经济增长和辖区间的标尺竞争，忽视了辖区间的协同发展和区际利益协调，纷纷通过土地、税收、补贴等优惠政策争抢外商投资，形成恶性竞争、重复建设和"诸侯经济"，被跨国公司主导的全球价值链"低端锁定"。① 党

---

① 陆铭，陈钊，朱希伟，等．中国区域经济发展：回顾与展望［M］．上海：格致出版社，2011：71.

的十八大以来，我国深入实施京津冀协同发展、雄安新区规划建设等区域协调发展战略，日益重视打破行政区经济束缚和"一亩三分地"惯性思维，打造跨区域产业链集群。即便如此，雄安新区依然受到周边地区大中城市的极化效应和虹吸效应影响，招商引资、招才引智、科技成果转化仍面临周边城市的激烈竞争。

第三节　雄安新区攀升全球价值链的模式和路径

作为一个后发地区，雄安新区的传统产业如何嵌入全球价值链？如何促进传统产业沿着全球价值链向中高端环节攀升？如何实现主导产业转换和跨部门升级？这些问题既是雄安新区传统产业升级的核心问题，也是制定产业政策的现实依据。

一、雄安新区嵌入全球价值链的模式

通过观察和实地调研发现，雄安新区攀升全球价值链主要有三种模式：单个企业嵌入、地方产业集群嵌入和双链嵌入。

单个企业嵌入是指雄安新区的本地企业主动或被动嵌入全球价值链，与发达国家的跨国公司进行产业配套，而不考虑与本地企业和国内企业的产业关联和技术关联，也不考虑本地市场和国内市场的开拓。以单个企业嵌入全球价值链的方式会因资产专用性和市场锁定而被跨国公司或国际大买家"俘获"，企业发展面临"卡脖子"的风险。

地方产业集群嵌入是指地方产业集群内的企业抱团整体以产业链条的形式嵌入全球价值链。集群内的企业抱团嵌入全球价值链，能够克服单个企业嵌入带来的功能升级和链条升级困难，实现"两个市场、两种资源"的内外联动。以地方集群的方式嵌入全球价值链，既能够增强地方产业集群在全球价值链增值环节上的议价能力，也能够提高产业链的韧性和安全，避免外部冲击带来的全球价值链、产业链和供应链的断链风险。

双链嵌入是指既嵌入全球价值链又嵌入国内价值链的混合嵌入模式。这种模式有助于降低后发地区嵌入全球价值链被链条主导者"俘获"和"纵向

压榨"的风险,并基于国内市场形成以我为主的全球价值链和安全自主可控的地方产业链集群。实践证明,主动对接双循环新发展格局,打造以我为主的区域价值链和国内价值链,带动区域产业联动发展,是促进区域协调发展和实现产业升级转移的重要途径,也是实现全球价值链高端跃升的重要支撑。

综合上述三种全球价值链嵌入模式,雄安新区嵌入全球价值链应采用地方产业集群方式双重嵌入全球价值链和国内价值链,进而形成以我为主的全球价值链,培育产业链集群优势,提高自身在全球价值链中的价值获取能力。雄安新区尤其要抓住"一带一路"和 RCEP 带来的"走出去"战略机遇,加强国际产能合作,增强自身在全球价值链的主导权和支配权,争做部分产业全球价值链的"链主"。

二、雄安新区攀升全球价值链的路径

雄安新区产业沿着全球价值链升级路径可以归纳为五个方面,包括流程升级、产品升级、功能升级、跨部门升级和融合升级。

一是流程升级。雄安新区可以充分利用数字技术赋能传统产业的产品生产过程,对现有产业生产过程进行重组和优化,引进智能制造和柔性制造技术,提高生产制造的信息化、智能化水平,进而提高投入—产出转化效率。

二是产品升级。雄安新区要坚持以供给侧结构性改革为主线、以高质量发展为主题,围绕居民消费升级需求,全面推进产品质量变革、效率变革和动力变革,着力提高产品质量和层次,以高水平供给满足高层次、差异化消费需求。

三是功能升级。雄安新区要主动向全球创新链攀升,加强在研发、设计、标准、专利等方面的科研攻关,提高科技创新水平和科技成果转化能力,着力解决制约产业高质量发展的"卡脖子"技术难题。要主动加强自主品牌培育,开拓国内外市场,重视采购、物流、营销、售后服务等高附加值环节,培育形成全球价值链中掌握关键核心技术和市场渠道的"发包方"。

四是跨部门升级。雄安新区要抓住新一轮科技革命和产业变革带来的"机会窗口",培育新一代信息技术产业等战略性新兴产业领域发展优势,实现新区主导产业转换和跨部门升级。抓住数字经济蓬勃发展的时代机遇,加强"云网端"等新型基础设施建设,利用数字孪生城市建设带来的产业需求,大力发展数字经济产业链，参与数字经济的全球价值链治理。抓住服务业全球价值链扩张的有利时机，主动嵌入服务业的全球价值链，打造服务业扩大开放新高地和对外合作新平台。

五是融合升级。利用模块化嵌入全球价值链，促进传统产业和新兴产业融合发展、制造业和服务业融合发展、信息化和工业化融合发展、军民融合发展。利用数字技术等新技术改造提升传统产业，推进传统产业向数字化、智能化、服务化、绿色化方向发展。

第四节　以全球价值链引领雄安新区产业转型升级

全球价值链为雄安新区产业转型升级提供了理论依据和方向指引。雄安新区传统产业转型升级要从被动加入全球价值链向主动利用全球价值链转变，从单纯嵌入全球价值链向双重嵌入全球价值链和国内价值链转变，构建新发展格局，打造跨区域创新链和产业链集群。

一、发展总部经济和高附加值环节

实施"根留雄安"战略，将传统企业的总部、研发、品牌、设计、展示、营销等高附加值环节留在雄安。利用雄企、雄城、雄新三大总部平台公司，在技术创新、科技成果转化、资源整合、工业设计、智能制造等方面探索转型升级路径，发挥示范带动效应。引导加工制造企业向"微笑曲线"两端的设计、研发、标准、专利、供应链管理、品牌、营销等高附加值环节转移。引导加工贸易企业沿着 OEA（委托组装）—OEM（贴牌生产）—ODM（委托设计）—OBM（原创品牌）的路径不断进行工艺升级、产品升级和功能升级，推进企业本土化融合和"制造逆向外包"。借鉴深圳经济特区的转型经验，推进雄安新区的服装产业向时尚产业转型升级。基于晾马台毛绒玩具产业基础，利用电商平台，打造雄安新区毛绒玩具电商直播基地，培育"网红经济"。对雄安新区的服装、制鞋、毛绒玩具、箱包等传统产业进行"智能+"升级，嵌入数字技术、人工智能等自动控制类模块和本地文化元素，开发智能穿戴产品和文化创意产品。鼓励龙头企业与优质企业组建集团公司，支持企业申报重点实验室、研发平台、创新中心、高新技术企业、"专精特新"企业等，支持产学研协同创新，培育开放式的创新生态系统。

二、引导加工制造环节整体外迁

推进传统产业的加工制造环节和高耗水、高排放环节向外迁移，确保不符合环保标准的生产环节应退尽退。在肃宁、涞源、固安、定州、高邑、献县等地建立雄安新区产业转移承接园区，以雄县·肃宁协同产业园、容城·涞源服装智慧新城、雄安·定州鞋服新城等为重点，打造一批与雄安新区产业关联配套的异地产业园区和特色产业集群，形成"雄安总部基地+周边加工制造"的产业协同发展模式。建立雄安新区政府、行业协会和企业联动机制，充分发挥行业协会的桥梁纽带作用，形成政府引导、协会协调、企业主导和市场化运作的产业转移机制。创新产业对接模式，探索"飞地经济""异地工业园""共建联合开发区"等产业转移模式，探索财税分享、GDP 统计的跨区共享机制。

三、推进产业在转移中升级

研究建立企业综合评价指标体系，根据能耗、水耗、环保、技术、质量、安全、标准、法律和必要的行政手段，清理低端企业和淘汰落后产能。对于不符合国家产业和环保政策、技术落后且治理无望的"散乱污"企业，坚决关停取缔。对于可以绿色化转型的企业，要强化能耗、环保标准，实施节能减排和清洁化改造。对于转移搬迁的企业，要用新技术、新业态改造提升。推进信息化、智能化与传统产业深度融合，建设数字化、智能化车间和工厂，改进生产流程，推行柔性化生产、个性化定制和智能制造。建立转移企业信息库和转移企业绩效评价机制，对转移企业实行动态管理，避免污染企业"异地搬家"。

四、培育壮大高端高新产业

基于雄安新区已有的产业基础，选准发展重点，对有发展前景的产业进行技术改造升级，延伸产业链条，提升智能化、信息化水平，在此基础上发展高端智能制造和现代生产性服务业。严格执行新区新增产业鼓励目录、限制目录和禁止目录，积极导入北京优质功能和高端产业。抓住"北京非首都功能疏解集中承载地"和"首都功能拓展区"的战略机遇，吸纳集聚北京创新要素，推动北京科技创新成果在雄安新区孵化转化，促进中关村科技园、互联网产业园、中科院创新院等在新区形成全链条科技成果转化基地和创新型产业集群。实施增量带动战略，引入北京高技术企业和在京中央企业，通过"引进一个"实现"带动一批"的乘数效应。

五、创新产业扶持政策

实施普惠式的竞争性产业政策，避免特惠式的选择性产业政策。雄安新区重点发展高端高新产业，但高端高新产业具有技术含量高、市场风险大、技术路线不确定等特征。政府要有所为、有所不为，把有限的资源集中在市场解决不了的诸如基础研究、公共服务等短板上，而产业发展的技术路线图则交由企业自主决定。"新型举国体制"主要适用于制约产业高质量发展的共性堵点、难点和"卡脖子"技术等少数领域，而非一般的技术领域。① 产业政策重点要从补贴供方向补贴需方转变，避免形成不公平的市场竞争主体和出现政策性套利及制度性腐败。补贴应发生在技术的导入期而不是成长期和成熟期。因为导入期新技术发展缓慢，面临失败风险。到了技术成长期和成熟期，政府应该退出补贴，因为此时继续补贴会造成不公平的市场竞争，反而抑制企业技术创新。

六、更加重视人力资本投入

过去中国劳动力资源丰富，资本技术短缺，于是采用出口导向和要素驱动的发展战略，通过建立各类产业园区，实施土地、税收等优惠政策扭曲资源价格，吸引外资流入，促进了经济快速增长。随着经济进入新常态，我国人口红利消失，要素成本上升，资源环境约束强化。而且高端高新产业发展对土地、劳动力的要求降低，对人力资本的需求增加。政府必须推动产业政

---

① 2022 年 9 月 6 日，习近平总书记主持召开中央全面深化改革委员会第二十七次会议，审议通过了《关于健全社会主义市场经济条件下关键核心技术攻关新型举国体制的意见》。会议指出，要加强战略谋划和系统布局，坚持国家战略目标导向，瞄准事关我国产业、经济和国家安全的若干重点领域及重大任务，明确主攻方向和核心技术突破口，重点研发具有先发优势的关键技术和引领未来发展的基础前沿技术。

策由要素驱动向创新驱动转变，强调人才的重要性，通过人力资本投入提高全要素生产率，形成竞争新优势。在"四校一院"[北京科技大学、北京交通大学、北京林业大学、中国地质大学（北京）、北京协和医院国家医学中心]基础上，吸引更多在京高校到雄安新区办学，为雄安新区产业转型升级提供源源不断的人才支撑。

七、加大政策配套力度

加大财税支持力度，每年安排不少于 10 亿元的产业转型升级专项资金，采用贴息、补贴、奖励、财政无息转贷款等方式支持企业并购重组、创新发展、技术改造和转移升级等。设立政府投资引导基金，按照"政府引导、市场运作"的原则，发挥财政资金的杠杆作用，引导社会资本投向产业转型升级的关键环节和重点领域。支持银行按照产业转型升级目标和任务调整信贷资金投向，支持企业通过中小板、创业板和新三板上市融资，支持保险机构、担保公司和小额贷款公司结合产业转型升级需要开发创新金融产品，建立区域性股权和产权交易市场，为企业融资提供全方位服务。研究制订产业转型升级实施方案和配套政策措施，进行任务分解，工作落实到人，制定考核指标。

第五节　全球价值链、模块化和产业融合发展

传统产业与新兴产业融合发展对雄安新区产业转型升级具有重要意义。雄安新区上升为国家战略后，产业发展面临日益强化的资源环境硬约束，发展高端高新产业、促进新旧动能转换是应对这些约束和挑战的重要举措。在有限资源约束下发展高端高新产业，必须处理好新兴产业与传统产业的关系，实现资源在两类产业中的高效配置和新旧动能的顺畅转换。模块化为两类产业融合发展提供了新的研究视角和路径选择。

一、传统产业与新兴产业的关系探讨

关于传统产业和新兴产业的关系，学者们从耦合、互动、协同等多个视

角开展了卓有成效的研究，普遍认同二者应该融合协调发展。但现有研究存在一些不足之处。一方面，关于两类产业的界定不清晰，阻碍了对两类产业关系本质的探讨。另一方面，关于两类产业融合的动力机制讨论不足，鲜有文献将模块化理论应用于两类产业融合发展的研究中。实际上，模块化使得产品价值创造在时间、空间上的可分割性增强，可以为传统产业和新兴产业融合发展提供经济激励。

对传统产业和新兴产业的内涵进行界定，是深入讨论两类产业关系的出发点。从字面意思理解，传统、新兴似乎只是一个时间概念，传统产业似乎是指经历了一定发展时期的产业，新兴产业似乎是指新近才产生和发展的产业。但这种认识具有一定的局限性。一方面，"新近"是一个笼统的时间概念，在不同行业中存在明显差异。另一方面，这种时间维度的划分，无法满足不同产业层次界定传统产业和新兴产业的要求。比如，作为一个大类的通信行业属于传统产业，但其中的 5G 通信是具有重大战略意义的新兴产业。因此，有必要进一步寻找对传统产业和新兴产业更能体现本质差异的划分依据，为讨论二者关系打下坚实基础。

按照产业生命周期理论，可以将传统产业界定为处于产业生命周期成熟阶段以后的产业，生产技术相对成熟，生产方式相对定型，市场需求相对稳定，多为劳动密集型产业。新兴产业是指处于产业生命周期初创和成长阶段的产业，是在经济全球化条件下由信息技术为主的一系列科技革命和产业变革所催生的新产业、新业态和新模式，生产技术相对先进，技术路线不确定，市场需求不稳定，多为知识技术密集型产业和资本密集型产业。这种划分方法既暗含了两类产业的时间特征，又暗含了两类产业的本质内涵和关系特征。

由此可见，传统产业与新兴产业的关系不是对立的。许多新兴产业是在传统产业基础上发展起来的，并需要传统产业为其提供产业配套条件和服务支撑。基于模块化理论的视角，传统产业与新兴产业不是非此即彼的关系，而是一种"你中有我、我中有你"的融合共生关系。某一产品模块的创新可能会带来整个产品的更新换代和各个模块的协同迭代，在促进传统产业升级的同时，也培育出新的产业类型。产业转型升级不是要推倒重来，而是在模块化的助力下促进传统产业和新兴产业融合发展，同步做好增量调整和存量优化两篇大文章。

二、传统产业与新兴产业融合发展的对策

在第二章的理论基础部分,分析了模块化下的全球价值链变革、模块化下的产业升级,以及模块化促进产业融合的动力机制和实现路径。模块化为传统产业与新兴产业融合发展提供的驱动力根源于其价值链拆分、整合功能,具体形式包括创新激励与融合、组织生成与整合、生产网络嵌入、价值网络协作。这四种力量能够推进传统产业的角色重塑与新兴产业的资源整合,为传统产业与新兴产业融合发展提供了路径选择。为推进雄安新区传统产业与新兴产业融合发展,提出如下政策建议。

一是关注传统产业中的大企业。基于模块化和产业融合视角,新兴产业的发展需要依赖于传统产业的技术、产能和资本积累。传统产业中经过市场检验的大企业在这些方面占有优势,更有可能"推陈出新"。目前,雄安新区三县优质企业已经分别联合组建了雄安雄企发展集团有限公司、容城雄源服装科技发展有限公司、雄安雄晟发展有限公司等集团公司。未来,应进一步鼓励传统企业做大、做强、做优,不断孵化新技术、新产业、新业态、新模式,并为高端高新产业发展提供产业配套和模块支持。

二是发挥模块集成商的带动作用。在模块化视角下,模块集成商处于市场的末端,直接影响产品市场占有率。集成商与模块制造商之间的供应链关系治理主要通过市场机制调节,集成商的产品需求对模块制造商产品产生引致需求。以北京现代汽车沧州工厂为例,通过政策支持整车制造,形成关联配套产业集群,实现"一台车"带动一个千亿级汽车产业集群的形成。① 中央企业通常是某一行业的模块集成商。雄安新区作为北京"两翼"的重要"一翼",要大力引进在京中央企业,通过"引进一个"实现"带动一批"的乘数效应。

三是对不同模块厂商进行分类施策。随着技术进步和专业化分工加深,模块本身的价值含量、技术复杂程度都在提升,各模块需要通过创新与产业

---

① 北京现代沧州工厂平均每51秒就有一辆汽车下线,"一台车"带动形成千亿元级产业集群。
资料来源:丁怡婷. 推动京津冀协同发展迈向更高水平〔N〕. 人民日报, 2022-08-29·(1).

化，完成市场和集成商赋予的任务。在不同产业化阶段，模块供应商的发展障碍有所区别。初创阶段，模块供应商需要进行技术探索与创新。产业扩张阶段，模块供应商需要诸多生产要素的支持。雄安新区应依据模块厂商所处的产业化阶段，对不同模块厂商给予有差别的扶持政策。要重点加大对通用模块和数字化模块的支持力度，这些模块是促进传统产业与新兴产业融合发展和协同升级的关键。

第七章

雄安新区新兴产业集聚和区域协调发展

按照规划，雄安新区重点发展五大新兴产业，打造高端高新产业集聚区和区域协调发展示范区。雄安新区五大新兴产业具有"平地起高楼"和"无中生有"的典型特征。雄安新区如何集聚新兴产业？如何辐射带动周边地区产业协同发展？这些都是摆在雄安新区产业转型升级面前亟待解决的重要问题。

第一节 新兴产业的科学内涵和本质特征

新兴产业与传统产业既有联系，又有区别，两者在集聚机制和集聚模式方面存在一定的差异。探究雄安新区新兴产业集聚机制，需要弄清楚其科学内涵和本质特征。只有在此基础上，才能揭示出雄安新区作为后发地区新兴产业发展的集聚机制和实现路径，并制定出有针对性和可操作性的政策建议。

一、新兴产业的科学内涵

新兴产业目前尚未有统一的概念界定，学者们通常把"战略性新兴产业"或"高技术产业"作为新兴产业的"代名词"进行使用。这样做的好处是"战略性新兴产业"及"高技术产业"的行业边界清晰，便于统计、监测和制定产业政策。

战略性新兴产业是指"以重大技术突破和重大发展需求为基础，对经济社会全局和长远发展具有重大引领带动作用，知识技术密集、物质资源消耗少、成长潜力大、综合效益好的产业"，包括"新一代信息技术产业、高端装备制造产业、新材料产业、生物产业、新能源汽车产业、新能源产业、节能环保产业、数字创意产业、相关服务业"等九个产业。①

高技术产业包括高技术制造业和高技术服务业。高技术制造业是指"国民经济行业中 R&D 投入强度相对高的制造业行业",包括"医药制造,航空、航天器及设备制造,电子及通信设备制造,计算机及办公设备制造,医疗仪器设备及仪器仪表制造,信息化学品制造"等六大类。② 高技术服务业是指"采用高技术手段为社会提供服务活动的集合",包括"信息服务、电子商务服务、检验检测服务、专业技术服务业的高技术服务、研发与设计服务、科技成果转化服务、知识产权及相关法律服务、环境监测及治理服务和其他高技术服务"等九大类。③

此外,党的二十大报告指出:"推动战略性新兴产业融合集群发展,构建新一代信息技术、人工智能、生物技术、新能源、新材料、高端装备、绿色环保等一批新的增长引擎。"根据《河北雄安新区规划纲要》,雄安新区重点发展"新一代信息技术、现代生命科学和生物技术、新材料、高端现代服务业、绿色生态农业"等战略性新兴产业,与党的二十大报告谋划的七大战略性新兴产业不谋而合。

作为"千年大计、国家大事",雄安新区在中国式现代化新征程中要率先推动战略性新兴产业融合集群发展。雄安新区重点发展的高端高新产业,既与国家重点推动的战略性新兴产业和高技术产业一脉相承,也与雄安新区自身功能定位高度相关。雄安新区的主导产业选择,既要坚持"四个面向",体现国家战略导向,也要基于比较优势,突出地方特色,在国家战略性新兴产业整体布局中找准自身的产业定位和发展思路。

二、新兴产业的本质特征

新兴产业是一个具有时空维度的与时俱进的动态概念,具有动态演进性和区域差异性的典型特征,对不同发展阶段、不同地区来说,新兴产业的内涵可能截然不同。

---

① 《国务院关于加快培育和发展战略性新兴产业的决定》(国发〔2010〕32 号),《"十三五"国家战略性新兴产业发展规划》《战略性新兴产业分类(2018)》。
② 国家统计局关于印发《高技术产业(制造业)分类(2017)》的通知。
③ 《国务院办公厅关于加快发展高技术服务业的指导意见》(国办发〔2011〕58 号),国家统计局《高技术产业(服务业)分类(2018)》。

一是动态演进性特征。新兴产业是一个具有时代特征的动态概念，随着时间推移、技术演进和需求升级，新兴产业的内涵和外延会发生改变。比如，战略性新兴产业的分类在我国就经历了一个不断完善的过程。最初在《国务院关于加快培育和发展战略性新兴产业的决定》（国发〔2010〕32号）和《战略性新兴产业重点产品和服务指导目录》（2013版）中，战略性新兴产业包括"节能环保、新一代信息技术、生物、高端装备制造、新能源、新材料、新能源汽车"等7个产业、24个发展方向和3100项细分产品和服务。《"十三五"国家战略性新兴产业发展规划》和《战略性新兴产业重点产品和服务指导目录》（2016版）根据战略性新兴产业发展新变化，明确了战略性新兴产业包括"网络经济、高端制造、生物经济、绿色低碳和数字创意"5大领域，"新一代信息技术、高端装备、新材料、生物、新能源汽车、新能源、节能环保、数字创意"等8个产业，以及40个重点方向和近4000项细分的产品和服务。《战略性新兴产业分类（2018）》将战略性新兴产业进一步划分为"新一代信息技术产业、高端装备制造产业、新材料产业、生物产业、新能源汽车产业、新能源产业、节能环保产业、数字创意产业、相关服务业"等9个产业。

二是区域差异性特征。新兴产业具有区域差异性特征，在不同国家或地区，某个行业的属性可能会发生明显变化。比如，日本产业结构曾经发生过多次大的调整，从纺织服装等轻工业到钢铁、造船、石油化工等重化工业，再到汽车、高铁、家电、电子等高技术产业，随着时间演进，产业的属性发生了变化。纺织服装、钢铁、造船、石油化工等工业曾经是日本的新兴产业，但现在已经成为劳动密集型和资本密集型的传统产业。但在非洲等欠发达国家和地区，这些产业可能还是具有朝气和生命力的朝阳产业。在我国东南沿海发达地区，纺织服装、电子设备等产业可能已经属于成熟的传统产业，但在中西部欠发达地区，这些行业还具有一定的技术先进性和产业生命力。

第二节　雄安新区新兴产业集聚机制分析

产业缘何会集聚于某地，这引发了经济学家的长期思考。比较优势理论强调资源禀赋先天差异的重要性,把贸易分工及由此带来的专业化生产视为产业集聚的关键动因。① 新经济地理学则告诉人们,除了区位条件和要素禀赋的先天差异外,历史和偶然因素也是产业集聚形成的关键。许多原本不具有资源禀赋优势的地区后来却成为某类产业集聚的中心,这要归因于历史或偶然因素开启的累积循环因果作用机制。②

历史的源头通常是一些偶然事件,却在后来的产业演化过程中起到了催化剂的作用。以深圳为例,其产业集聚现象无疑与改革开放之初中央领导人在地图上画了一个重要的圈有关。深圳特区的设立是产业集聚的初始动因,一旦形成产业集聚态势,就会在累积循环因果效应下形成正反馈作用机制,导致产业长期锁定于此并不断强化。

当然,深圳之所以成为产业集聚中心,并非因为国家领导人突发奇想,而是在综合考虑该地区区位条件、资源禀赋、市场通达性等因素基础上做出的重大战略选择,即历史的偶然性中通常也蕴含着必然性。如果不考虑区域条件和资源禀赋,随便在地图上画圈,则未必会形成新的产业集聚中心。

雄安新区的横空出世,当然也与其优越的区位条件和资源禀赋有关,同时又存在很强的历史偶然性和必然性。但无论如何,作为京津冀协同发展战略向深度广度拓展的重要战略布局和北京非首都功能疏解的集中承载地,历史选择了雄安新区,并为雄安新区新兴产业集聚开启了一扇门。

雄安新区现有产业以传统产业为主,发展新兴产业无疑是"无中生有"和"平地起高楼"。作为重大国家战略,雄安新区的产业发展必然是跨越式的,不能以现有产业基础和要素禀赋条件来决定产业发展方向,而应在准确把握"千年大计"历史使命、"高端高新产业核心区"目标定位和"创新驱动发展引领区"政策寓意基础上,瞄准全球科技前沿和制约我国科技发展的"卡脖子"领域,集聚发展新一代信息技术、现代生命科学和生物技术产业、新材料产业、高端现代服务业等战略性新兴产业。

雄安新区对于这些无中生有的新兴产业,要想尽快形成集聚态势,必须同时依靠国家战略的外生动力和创新驱动的内生动力。外生动力是时间的减函数,却打开了产业和要素集聚的大门,在新兴产业集聚的初期至关重要。

① 贺灿飞. 高级经济地理学 [M]. 北京:商务印书馆,2021:330.
② 梁琦. 产业集聚论 [M]. 北京:商务印书馆,2004:35.

内生动力是时间的增函数，但需要在新兴产业集聚达到一定规模和技术水平、发展到一定程度才可以发挥最大作用。

首先，在新兴产业集聚初期阶段，雄安新区应把国家级新区设立作为初始动力，把高点承接北京非首都功能疏解和产业升级转移作为最大抓手，把体制机制创新作为最大的制度红利，开启新兴产业集聚的大门。雄安新区应准确识别北京非首都功能，前瞻分析雄安新区功能需求，重点选择产业体量大、辐射带动能力强、符合雄安新区功能定位和比较优势、未来50年不过时的新兴产业和未来产业作为突破口。高起点承接北京非首都功能疏解，重点承接北京疏解出的行政事业单位、总部企业、金融机构、高等院校、科研院所等，促进在京企业升级转移，通过"引进一个"实现"带动一批"的乘数效应。

其次，随着新兴产业的逐渐集聚，要将创新驱动作为新兴产业培育壮大的内生动力，深入实施创新驱动发展战略，营造区域创新生态系统，构建激励创新的体制机制，推进产学研协同创新，构建创新链、产业链与资本链对接的区域生态链，培育鼓励创新、宽容失败的社会氛围，将雄安新区打造成创新驱动引领区和全球科技创新中心，为新兴产业培育壮大提供源源不断的动力。

再次，尽快缩小与北京公共服务落差，形成高端创新要素资源流入机制。雄安新区在公共服务方面不仅与北京有天壤之别，即便与省内城市相比也差距明显。雄安新区集中承接北京非首都功能疏解，仅靠行政命令是不够的，关键还是要靠市场机制。如果不能够在教育、医疗、社保等方面与北京尽快缩小差距，很难吸引在京企业、高校、科研院所、医院、金融机构、事业单位迁入雄安新区，即便在行政力量的推动下出现了一些央企、高校等迁入，也难以保证相应的人才流入。因此，承接北京非首都功能疏解和产业转移的当务之急是缩小教育、医疗、社保等公共服务领域的落差，让北京高端创新要素资源不仅能够来，还能够留得住、发展得好。

第三节　雄安新区新兴产业集聚的政策着力点

雄安新区新兴产业集聚若要发挥正反馈作用机制，需要把握好以下几个政策着力点。

一是推进区域一体化和产业协同发展，破除要素流动的体制机制障碍，消除市场分割和地方保护。

二是提供优质公共服务，吸引高端创新要素流入，搭建人才招聘、招商引资等信息及时发布平台，支持人才合理流动，共享劳动力池，降低企业搜寻和劳动力转换成本。

三是引导符合产业定位、存在投入产出关联的企业集聚，形成产业集群，处理好主导产业和基础产业、中枢产业、关联产业、潜导产业、未来产业的关系。

四是完善有利于企业竞争与合作的市场机制，鼓励企业通过分工机制实现垂直专业化生产和产品内价值链分工，通过学习机制实现缄默知识交流和技术外溢，通过竞争机制提升企业自主创新能力，通过协调机制降低企业交易成本、违约成本和利益冲突。

五是充分利用本地市场需求，把握新一代信息技术产业的"虚拟集聚"特征，通过智能化、网络化和柔性生产方式满足客户和终端消费者的个性化、差异化需求。

六是加强公共基础设施建设，不仅要重视交通、管道、能源、园区等传统基础设施建设，更要重视科研基础设施和"云、网、端"等新型基础设施建设，降低企业运输成本和创新成本。

七是搭建产学研协同创新平台和载体，超规格建设一批国家级和省级重点实验室、工程实验室、工程（技术）研发中心、科技孵化器、公共技术服务平台和产业技术创新联盟，降低企业创新创业的风险和成本。

八是推进产业政策由选择性特惠式向竞争性普惠式转变，从支持个别行业和企业向营造公平市场竞争环境和培育创新创业生态系统转变。

第四节 雄安新区主导产业转换与区域协调发展

随着雄安新区产业和要素的不断集聚，会导致土地等非流动要素价格上涨、生活成本及由此导致的劳动力成本上升、资源环境约束强化、交通拥堵、基础设施不足、企业竞争加剧和利润率下降，当产业集聚达到一定阈值，因市场拥挤效应带来的离心力大于规模经济效应带来的向心力，就会导致产业扩散和要素外流。

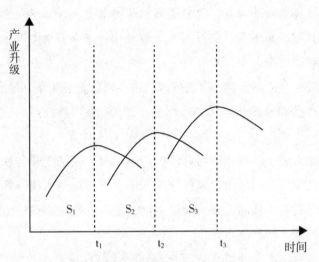

图5　雄安新区新兴产业集聚的扩散效应与主导产业转换

在图5中，S_1、S_2、S_3代表主导产业的转换。对于S_1产业而言，在t_1之前，产业集聚的正反馈作用机制占据主导，产业集聚的向心力大于离心力，S_1产业处于不断集聚态势。到达t_1之后，产业集聚的市场拥挤效应占据主导，产业集聚的向心力小于离心力，加之S_1产业技术成熟和生产标准化，S_1产业形成扩散态势，技术中心和生产中心可能分离。在S_1产业开始扩散之前，雄安新区就应及时培育潜导产业和未来产业，从而保证产业转型升级和接续发展。

当然，在扩散效应大于集聚效应之前，会不断虹吸周边地区要素资源流入，引起区际差距扩大。政府公共政策需要在产业集聚带来的动态效率和空间不平等之间进行权衡，确保中心地区产业集聚的同时能够辐射带动周边地区产业发展，促进区域产业协同发展。

如何实现雄安新区在集聚新兴产业的同时辐射带动周边地区产业发展，也是当前需要思考的重要问题。要准确把握"创新驱动发展引领区"的政策寓意：一是要把雄安新区建成全球科技创新中心和高端高新产业集聚高地；二是要把雄安新区作为京津冀世界级城市群和京津冀协同创新共同体的关键节点，重塑区域经济地理和创新空间格局，形成北京和河北两个"一体两翼"，补齐河北科技和产业领域短板，缩小京津冀区际发展差距，促进区域基本公共服务均等化；三是发挥雄安新区首创精神，推进体制机制创新，从"政策洼地"变为"体制机制创新高地"和"产业扩散、技术溢出的辐射源"，探索后发地区集聚新兴产业和实现跨越提升的高质量发展新路，为其他地区提供可复制、可推广的经验借鉴。

第五节　雄安新区带动周边地区产业协同升级

雄安新区是北京"两翼"和河北"两翼"的共同战略节点，在区域产业链构建与协同升级中发挥着重要牵引作用。《河北雄安新区总体规划（2018—2035年）》指出，要按照高质量发展的要求，推动雄安新区与北京城市副中心形成北京新的"两翼"，与以2022年北京冬奥会和冬残奥会为契机推进张北地区建设形成河北"两翼"，促进京津冀协同发展。推进雄安新区与周边地区产业协同发展，无疑具有重要的理论价值和实践意义，不仅可以为新时代区域协调发展理论创新提供"试验田"，也可以为其他国家级新区在大空间尺度上推进产业协同升级提供经验借鉴。

一、两个"两翼"对区域产业转型升级的带动作用

作为两个"两翼"的共同节点，雄安新区的高质量发展既有利于拉开北京城市发展骨架，解决北京"大城市病"问题，也有利于河北打造现代化经济体系新引擎，缩小河北省与京津的发展差距，带动河北产业转型升级。此外，雄安新区与周边地区产业协同发展，还有利于构建跨区域产业链集群，在增强产业链韧性的同时促进创新链与产业链对接，实现"双链"协同升级。

一是有利于北京构建高精尖的产业结构。北京"大城市病"的根源在于集聚了过多的非首都功能。雄安新区设立的初衷就是集中承接北京非首都功能疏解，解决北京的"大城市病"问题。雄安新区通过集中承接北京非首都功能疏解，可以为北京构建高精尖产业结构提供发展空间。雄安新区通过与北京城市副中心通州错位承接北京非首都功能疏解，可以形成与北京城市副

中心、北京中心城区产业协同发展的新格局。此外，北京科技创新资源和要素密集，通过推进科技创新成果在雄安新区孵化转化，也可以拓展北京城市发展空间，形成"北京研发+雄安转化"的科技成果转化链条，为北京丰富的创新资源找到"用武之地"。

二是有利于河北打造现代化经济体系新引擎。从产业结构来看，河北省以传统产业为主，重化工业比重较高，资源依赖性特征明显，产业发展面临日益趋紧的资源环境硬约束。河北省的环渤海、冀中南等地区的产业转型升级压力较大，唐山、石家庄、邯郸、邢台等地在钢铁、煤炭、水泥、玻璃等传统行业领域面临去产能和治污染的双重压力。冀北地区产业发展相对滞后，亟须加快探索出一条把绿水青山变为金山银山的绿色发展之路。河北"两翼"是河北省构建现代化经济体系的新引擎和高质量发展的新动力源，可以在河北产业转型升级过程中承担起引领翼、示范翼和支撑翼的重要角色，发挥形象改善、辐射带动和动力支持作用。

三是有利于京津冀地区实现产业链升级。2014 年习近平总书记发表"2·26 讲话"是京津冀协同发展上升为国家战略的重要时间节点。习近平总书记在讲话中指出："推进京津冀协同发展，要立足各自比较优势、立足现代产业分工要求、立足区域优势互补原则、立足合作共赢理念，以京津冀城市群建设为载体、以优化区域分工和产业布局为重点、以资源要素空间统筹规划利用为主线、以构建长效体制机制为抓手，从广度和深度上加快发展"，"要着力加快推进产业对接协作，理顺三地产业发展链条，形成区域间产业合理分布和上下游联动机制，对接产业规划，不搞同构性、同质化发展"。① 《京津冀协同发展规划纲要》进一步明确，京津冀三地要"合理规划产业布局，着力理顺产业发展链条，优化产业结构，形成区域间产业合理分工和上下游联动机制"。雄安新区的设立有利于优化区域产业布局，形成"五区五带五链"产业链集群和"2+4+46"重点产业承接平台，打造跨区域产业链集群，实现区域产业链协同升级。

---

① 习近平. 优势互补互利共赢扎实推进努力实现京津冀一体化发展［N］. 人民日报，2014-02-28（1）.

二、雄安新区带动周边地区产业协同升级的重点难点

雄安新区作为北京、河北两个"一体两翼"的核心节点和京津冀世界级城市群的重要一极，承担着推动京津冀产业协同发展取得更大突破的时代使命。由于雄安新区设立时间不长，其与周边地区产业协同发展尚存在一系列亟待突破的重点难点。

一是区域协同创新共同体尚未形成。京津冀区域科技创新资源高度密集，但空间分布极不平衡。优质科技创新资源主要集中在京津两地。由于受"行政区经济"束缚，创新要素跨区域自由流动不畅通，创新资源开放共享程度偏低。尽管近年来京津冀协同创新不断取得新进展，但地区间创新能级差距过大、区域创新链与产业链对接不紧密等问题依然突出。此外，河北省技术吸收能力不强，与北京市存在较大的技术落差，导致北京多数科技创新成果"蛙跳式"转移至技术邻近的长三角和珠三角区域，地理邻近的河北省未能很好发挥"近水楼台先得月"的地理优势。

二是跨区域产业发展链条亟须构建。京津冀三地的产业功能定位和空间布局缺乏战略统筹，尚未构建起相互衔接、错位发展、深度融合的产业分工链条。推进雄安新区与周边地区产业协同发展，有利于在大空间尺度上重构区域产业分工体系，打造跨区域产业链集群，促进产业协同高质量发展，形成更加公平、更可持续、更高质量的产业分工格局。

三是产业协同发展模式尚未彰显。作为北京非首都功能疏解集中承载地和首都功能拓展区，雄安新区不仅需要集中承接优质的北京非首都功能和部分首都功能，也需要将现有传统产业集群向周边地区进行有序转移和优化升级。作为创新驱动发展引领区，雄安新区的科技创新供给要与河北省的产业转型升级技术需求紧密对接，起到对河北省产业高质量发展的辐射带动作用。作为高端高新产业集聚区，雄安新区需要解决高端服务业为谁服务、与谁配套的关键问题，避免产业空心化和孤岛化。目前，雄安新区与周边地区在产业领域亟须探索有利于产业转移承接、产业协同集聚、产业协同创新的联动发展模式。

四是协同发展体制机制不够完善。由于受 GDP 排位、税收分成等体制机制因素影响，雄安新区与周边地区产业协同发展的内生动力不强，需要

"有为政府"进行统筹规划和利益协调。雄安新区作为改革开放"新地标",要加快建立完善 GDP 统计、税收分成等利益协调共享机制,为地方政府部门积极主动推进雄安新区与周边地区产业协同发展提供正向激励与制度保障。

三、雄安新区与周边地区产业协同升级路径

雄安新区与周边地区产业协同升级可以从打造区域协同创新共同体、构建区域产业链分工体系、探索区域产业协同发展模式、完善产业协同发展体制机制四个方面着力,促进雄安新区与周边地区产业高质量发展,推动京津冀产业协同发展取得新进展。

一是打造区域协同创新共同体。作为北京非首都功能疏解集中承载地和首都功能拓展区,雄安新区应主动对接北京"三城一区"科技创新主平台,吸引北京科技创新要素和人才资源到雄安新区落地,打通科技成果产业化的快速通道,打造北京科技成果异地转化示范区。作为河北经济高质量发展的新动力源,雄安新区要加快集聚各类创新要素,构建产业高质量发展的动力系统,提高对周边地区尤其是冀中南地区的辐射带动作用。作为创新驱动发展引领区,雄安新区要加强与京津两地科技合作,积极对接北京技术交易市场、中关村技术交易中心和天津北方技术交易市场等主要技术交易平台,构建资源互通共享机制,打造"京津雄创新三角"。作为京津冀协同创新共同体的重要节点,雄安新区要借鉴深圳经济特区的先进经验,培育多区域联动、多主体协同、多要素互动的开放式创新生态系统,建立"基础研究+技术攻关+成果产业化+科技金融+人才支撑"的全过程创新生态链,构建科技成果"沿途下蛋"高效转化机制,推动产业链"全链条、矩阵式、集群化"发展,实现区域教育链、创新链、产业链、服务链、资金链、人才链、政策链紧密对接。

二是构建区域产业链分工体系。与北京、天津、石家庄以及保定等周边地区围绕全产业链分工协作、优势互补、协同发展,不断深化产业联动务实合作,积极打通堵点,接通断点,延伸跨区域产业链条,提高区际产业分工水平,形成区域间合理分工网络和上下游联动机制。基于现有产业基础,在新一代信息技术、现代生命科学和生物技术、新材料、高端现代服务业、绿

色生态农业等五大新兴主导产业领域进行全产业链布局，培育跨区域新兴产业链集群。充分发挥高能级政府作用，完善有利于企业公平竞争和有序合作的市场机制，鼓励企业通过分工机制实现产品内价值链分工。大力培育"链主"企业和"专精特新"中小企业，提高使用外资质量，推动外贸创新发展，培育一批具有全球资源整合能力的跨国公司，进一步增强产业链供应链的韧性和竞争力。通过加强创新链和产业链对接，全面提升产业基础高级化和产业链现代化水平。充分发挥京津冀及周边地区超大规模市场优势，打造国内国际双循环相互促进的战略枢纽，在京津冀协同发展大战略中培育产业发展新动能，在国内国际双循环新发展格局中塑造产业竞争新优势。

三是探索区域产业协同发展模式。雄安新区作为京津冀协同发展的一个重要战略支点，要充分借鉴京津冀产业协同发展已有的成功模式。例如，在区域产业联动发展方面，已形成北京中关村的一区多园模式、中关村海淀园秦皇岛分园的税收分配模式、天津滨海—中关村科技园的共建共管模式、保定—中关村创新中心的整体托管模式和北京·沧州渤海新区生物医药产业园的异地监管模式等。在区域协同创新方面，已探索出基础研究跨区域合作模式、科技园区合作共建模式、以企业为核心的多主体跨区域协同创新模式。此外，雄安新区作为具有后发赶超特征的政策功能区，还要主动学习韩国大德科技园、日本筑波科学城等国际经验和长三角、珠三角等国内经验，以及已有的18个国家级新区积累的成功经验，基于自身特质探索区域协调发展新机制和产业联动发展新模式。

四是完善产业协同发展体制机制。发挥"有为政府"在规划引导、政策对接和统筹协调等方面的作用，建立雄安新区与周边地区制度性协商机制和区际利益协调机制，实现雄安新区与周边地区在产业协同发展方面的规划衔接、政策对接和利益协调。作为新时代改革开放的"新地标"，雄安新区要用好"利益牵绊少"的制度创新优势，在一些制约产业协同高质量发展的关键领域开展一些根本性、协同性的制度创新试验，打造产业协同高质量发展示范区。坚决破除不合时宜的思想观念和"行政区经济"带来的利益藩篱，打破制约要素自由流动和资源开放共享的体制机制障碍，构建有利于吸引北京优质非首都功能、辐射带动周边地区产业高质量发展的制度政策体系。雄安新区要抓住"北京非首都功能疏解集中承载地"和"首都功能拓展区"的战略定位，制定承接北京优质非首都功能疏解的正面清单、承接方案和一揽子配套政策，形成北京非首都功能疏解和产业升级转移的正向激励机制，精准有序承接北京优质非首都功能和高端高新产业转移。雄安新区要把握"创新驱动发展引领区"的政策寓意，引领河北补齐科技和产业领域短板，引领京津冀形成产业协同创新发展新模式，把雄安新区建设成为京津冀体制机制创新高地和产业协同创新重要平台。雄安新区要用好"开放发展先行区"的政策红利，提高中国（河北）自由贸易试验区雄安片区与正定片区、曹妃甸片区和大兴机场片区的协同开放水平，建立跨区域协同开放新机制和新模式，为跨区域协同开放树立新标杆。

第八章

支撑雄安新区产业转型升级的创新生态系统构建

不论是传统产业转型升级，还是新兴产业培育壮大，都离不开创新生态系统支撑。构建创新生态系统，是雄安新区建设"创新驱动发展引领区"和"现代化经济体系新引擎"的关键所在。与深圳特区、浦东新区当年设立的时代背景不同，当前中国经济处于增速、结构、动能转换的新时期，资源环境承载力下降，人口红利消失，依靠低成本要素投入和大规模投资驱动的发展模式已经终结。雄安新区不能简单复制深圳和浦东经验，只有依靠创新才能适应、把握和引领经济发展新常态，加快新旧动能转换，引领河北走好加快转型、绿色发展、跨越提升新路，开创国家级新区和城市产业转型升级的全新模式。

第一节 "创新驱动发展引领区"的科学内涵和政策寓意

从雄安新区的战略定位出发，结合当前发展阶段、发展背景和区域特征，我们用"创新驱动发展+引领区"这样一个公式来理解。"创新驱动发展"就是坚持把创新作为驱动发展的第一动力，通过创新打破资源环境约束，推动发展方式从依靠要素投入向依靠科技进步转变，提高全要素生产率，提升经济发展质量和效益，促进产业向高端化、智能化、绿色化、低碳化方向发展。"引领区"是指雄安新区要在科技创新、产业创新、文化创新、制度创新等方面形成对河北省、京津冀乃至全国的引领示范带动效应。

一、认识"创新驱动发展"的科学内涵

最早定义创新概念的是熊彼特，在他 1912 年出版的《经济发展理论》一

书中，把创新视为建立一种新的生产函数，把一种从来没有的关于生产要素和生产条件的"新组合"引进生产体系中去，以实现对生产要素或生产条件的"新组合"。熊彼特界定的创新包括产品创新、工艺创新、市场创新、供应链创新和生产组织创新等五种典型形式。熊彼特主要从微观的技术层面定义创新，随着时代的发展，现代的创新内涵已不限于此，是一个包含科技创新、产业创新、文化创新、制度创新等在内的全面创新概念，创新范式也从早期的线性模式、创新体系转向创新生态系统。

最早提出创新驱动理论的是迈克尔·波特。波特在《国家竞争优势》一书中把经济发展分为四个阶段：要素驱动阶段、投资驱动阶段、创新驱动阶段和财富驱动阶段。所谓创新驱动就是创新成为经济增长的主要动力源。在经济进入创新驱动发展阶段，并非要素和投资不再起作用，而是要通过创新优化资源利用和提升投资效率，实现经济的可持续增长。

因此，所谓创新驱动发展，就是要把发展的基点放在创新上，以科技创新为核心，以产业创新为根本，以文化创新为前提，以制度创新为保障，创造新知识、新技术、新产业、新业态、新模式、新生产组织方式，形成大众创业万众创新的社会氛围，塑造更多依靠创新驱动、更多发挥先发优势的引领型发展，从而推动经济发展方式的转变和产业结构的优化。

准确把握"创新驱动发展"的科学内涵，需要走出创新驱动就是科技创新、创新驱动就是"从0到1"、创新驱动就是政府主导并确定技术路线的三个认识误区。

一是走出创新驱动就是科技创新的认识误区。创新是一个包括科技创新、产业创新、文化创新和制度创新在内的生态系统，其中科技创新是核心，产业创新是根本，文化创新是前提，制度创新是保障。科技创新要以产业创新为目的，科学发现和技术发明如果不能成功转化为产品，形成产业化规模化，则对经济社会发展起不到应有的作用，创新主体也会因得不到应有回报而丧失创新热情。科技创新要以文化创新为前提，如果没有"鼓励创新、宽容失败"的社会氛围，没有"敢于冒险、崇尚创新"的企业家精神，在未来不确定和巨大风险面前，创新主体就会退缩，也就难以推进科技进步。科技创新要以制度创新为保障，如果没有知识产权保护，没有激励创新的政策体系，没有科技金融支持，创新者也就难以形成稳定预期，无法将创新进行产业化。

二是走出创新驱动就是"从0到1"的认识误区。不少人认为，创新就是"从0到1"、从无到有的创造过程。实际上，"从0到1"这种颠覆式创新确实存在，创新理论大师熊彼特的创造性破坏理论所揭示的创新就是不断破坏旧的结构，创造新的结构。但是，"从1到N"的渐进式改良创新也是一种有效的创新方式。中国的市场规模非常大，这是N的优势，阿里巴巴、腾讯、百度、华为、联想、滴滴、三一等众多著名公司所使用的技术都不是"从0到1"，但是通过技术引进、消化吸收再创新和集成创新，利用中国庞大的市场规模，使外来技术迅速本地化、产业化，打败了国外竞争对手。中国现在的技术水平与国外发达国家相比，已经从"跟踪"为主向"跟踪、并行、领跑"并存转变，加强基础研究和原始创新固然重要，但也不能全部推倒重来，要很好地把培育壮大新经济同改造提升传统经济紧密结合起来。从技术角度来说，没有所谓的传统产业，传统产业升级改造同样可以焕发生机活力。

三是走出创新驱动就是要政府主导并确定技术路线的认识误区。改革开放至今，我国的创新活动越来越活跃，但是产业化状态并不理想，其症结就在于我国是一个由政府主导的创新体系，政府决定扶持的重点产业和技术路线，科研单位拿到科研资金没有进一步产业化的动力，企业以市场为导向的技术需求很难从大学和科研院所得到有效支持，科技和产业存在严重脱节。实际上，政府并没有能力确定哪一个产业、哪一种技术路线能够取得成功，所有的创新成功与否事先都不可预知。政府可发挥的作用主要是为市场竞争提供一个公平有序、开放包容的创新环境，加强知识产权保护，建立良好的教育和科研系统，支持资助基础研究，培养和支持人才流动。创新的主体则一定是企业，创新驱动需要由企业主导并决定技术路线，由市场来配置资源并决定胜负，政府只需提供制度保障。

二、把握"引领区"的政策含义

理解"引领区"的政策含义，一定要放在当前雄安新区特定的时空背景下，结合区域发展特征条件来思考。在时间上把握节奏，制定近期、中期、远期目标，在空间上把握尺度，确定引领的区域范围。因此，所谓发展引领区，就是要在雄安新区建设一个创新创业高地和科技新城，集聚创新要素资源，集中承接北京高端产业转移和优质功能外溢，补齐河北在科技和产业领域的发展短板，在京津冀人口经济高度密集的中部核心功能区探索创新发展新模式，把雄安新区打造成贯彻落实新发展理念的创新发展示范区。

一是引领雄安新区建设创新高地和科技新城。把雄安新区建设成为创新驱动发展引领区，就好比在一张白纸上画画，这既是雄安新区的优势，也是雄安新区的劣势。要发挥雄安新区创新发展引领作用，必须先把自身建设成为创新高地和科技新城。要坚持实施创新驱动发展战略，把创新放在发展全局的核心位置，加快推进科技、产业、文化、制度等领域创新，建立区域创新体系，积极吸纳和集聚京津冀及全国高端要素和创新资源，提高创新能力。牢牢抓住北京非首都功能疏解的重大战略机遇，集中高端承接北京产业转移和功能外溢，制定激励政策吸引北京优质的教育资源、科技资源和人才资源到雄安来。要与北京的科技创新中心建设互动互补发展，推进北京科技成果在雄安新区转化应用并产业化。培育高端高新产业，加快发展战略性新兴产业，构建完善的基础配套产业，尽快形成创新链、产业链和产业集群，把雄安新区建设成为创新驱动发展新引擎。

二是引领河北补齐科技和产业领域短板。河北省是京津冀协同发展最为薄弱的一环，在科技和产业领域与京津形成了巨大落差。北京和天津已经进入后工业化阶段，河北省仍处于工业化中期阶段。京津对河北形成了明显的虹吸效应，高端要素资源不断向京津集聚，在河北形成了"环京津贫困带"。解决上述问题的关键是在河北建设一个具有较强辐射带动能力的反磁力创新中心，抗衡京津的"极化效应"和"虹吸效应"，提升河北创新能力，补齐河北在科技和产业领域的短板，辐射带动冀中南加快发展。雄安新区建设创新高地和科技新城，可以发挥创新的外溢效应，构建具有竞争力的区域价值链体系，促进河北产业转型升级。

三是引领京津冀探索创新发展新模式。京津冀是一个人口经济高度密集的地区，面临资源环境硬约束，靠大规模高强度工业化城镇化开发的老路走不通，靠要素和投资驱动经济增长的传统发展方式也不可持续。北京作为首都，集聚了大量优质的科教资源，但成果转化应用相对不足。河北则面临科教资源不足、科技创新能力不强、产业结构不优的困境。在河北地理范围之内尚没有一所985或211高校。河北省高耗能、高污染、高占地的传统产业占比较大，化解产能过剩任务艰巨，迫切需要产业转型升级和技术改造，培育新的经济增长点。现在在雄安新区建设创新高地和科技新城，可以把北京的科技优势和雄安的空间优势紧密结合起来，把雄安新区建设成为北京科技成果转化应用的集中承载地、京津冀体制机制创新高地和协同创新重要平台和载体。

要合理把握引领的节奏、内容和具体路径。在时间上要把握节奏进度。

近期引领雄安新区建设创新高地和科技新城，集聚创新要素资源，培育高端高新产业，打造创新驱动发展新引擎，增强内生发展动力；中期引领河北补齐区域发展短板，提高创新能力，提升发展质量效益，带动河北走好加快转型、绿色发展和跨越提升新路；远期形成与北京功能互补的全国科技创新城市和贯彻落实新发展理念的创新发展示范区，打造具有国际竞争力的京津冀世界级城市群，引领全国产业转型升级。

在引领内容上要突出雄安新区在科技、产业、文化、制度等方面的引领示范作用。在具体行动上要做到四个结合。一是与北京非首都功能疏解相结合，高端承接北京产业转移和功能外溢，吸纳集聚北京的科教人才资源。二是与北京科技创新中心功能定位相结合，与北京共建协同创新中心和科技成果转化基地，推进北京科技成果在雄安新区集中转化。三是与河北资源禀赋和产业基础相结合，构建创新链和产业链相配套的区域价值链，推进传统产业转型升级，在已有产业基础上培育壮大新兴产业。四是与河北省"三区一基地"的功能定位相结合，在现代商贸物流、产业转型升级、新型城镇化与城乡统筹、生态环境支撑等方面进行创新探索。

第二节　创新范式演进与创新生态系统特征

自熊彼特提出创新概念后，学者们围绕创新进行了深入系统的研究，创新被不断赋予新的内涵。熊彼特主要从微观的技术层面定义创新，把创新视为"建立一种新的生产函数"，即企业家对生产要素的重新组合，以获取潜在利润。学者们沿着熊彼特的思路不断丰富创新内涵和扩展研究领域，创新生态系统（创新范式 3.0）成为近年来创新领域的研究热点。

一、创新范式演进与创新生态系统提出

目前，创新研究范式已从线性模式（创新范式 1.0）、创新体系（创新范式 2.0）转向创新生态系统（创新范式 3.0）。[1] 创新范式 1.0 强调企业内部进行研发和成果转化，研发投入是创新的关键，更多的研发会导致更多的创新。

---

[1]　李万，常静，王敏杰，等. 创新 3.0 与创新生态系统 [J]. 科学学研究，2014，32 (12)：1761–1770.

在这种封闭式创新模式中，创新被描述为从基础研究到应用研究，再到产品开发和商业化的线性过程，政府在创新领域的主要政策导向是支持企业研发投入。创新范式 2.0 强调企业要广泛获取来自外部的创新源，进行开放式创新，政府的主要政策导向是支持大学、科研机构、企业的基础研究、原始创新和集成创新，强调产学研协同的重要性，搭建产学研协同创新平台和载体。创新范式 3.0 则意识到培育和构建区域创新生态系统的重要性，认为创新服从于生物学规律。政府的主要政策导向是培育创新生态环境，构建政产学研资协同共生的创新网络。

创新范式的演进和创新生态系统理论的提出，很大程度上源于美国硅谷的发展实践。位于美国加利福尼亚州北部、旧金山湾南部的硅谷，被公认为全球创新之都。自 20 世纪 50 年代以来，硅谷持续引领了美国半导体、个人电脑、互联网、新能源等新技术、新产业的交替发展，吸引了全球各国政府和学者的广泛关注。人们普遍认为，硅谷的成就源于其独特的、几乎无法复制的创新生态，只有从生态学的角度才能更好解释硅谷难以复制的创新优势。

二、创新生态系统的基本内涵

创新生态系统是以生物学的演化规律来揭示创新的过程，把创新视为创新物种、种群乃至群落对环境变迁、扰动形成的应答过程。创新物种主要包括企业、大学、科研院所、政府、金融部门、中介机构等，这些是创新的基本要素。创新物种集合形成种群，种群共生形成群落，群落在动态演化过程中形成生态系统。文化、制度和基础设施等构成了一个地区的创新生态环境，创新物种在特定的文化、制度背景下形成根植于当地的具有明显识别印记的创新生态体系。

创新生态系统改变了人们过去只重视科技创新本身的狭隘观点，使人们意识到创新不是企业孤立的行为，而是由企业、大学、科研机构、政府部门、金融机构、中介组织等众多参与者相互联系和共同作用的结果。在创新生态中，企业是技术创新的主体，大学和科研机构是知识创新的主体，政府是制度创新的主体，金融机构是金融创新的主体，中介组织是服务创新的主体。各类主体相互联系，竞合共生。创新只有在开放的创新生态系统中才能发挥最大的效能。创新主体与外部创新生态环境存在依附关系，外部环境好坏会影响创新的成败。

三、创新生态系统的主要特征

与自然生态系统一样，创新生态系统一旦形成，就具有明显的创新物种多样性、竞合共生性、开放融合性、动态演进性和地域空间性等主要特征。

一是创新物种具有多样性。创新物种的多样性是创新生态系统得以生存、发展和繁荣的基础。创新物种不仅包括企业、大学、研究机构等核心物种，也包括寄生或服务于核心物种的商业银行、风险投资等金融机构，法律、会计、评估、咨询、培训、行业协会等中介服务机构，政府机构，创新中心、孵化器等科技服务平台。创新物种越多，各物种对环境变迁、扰动的适应性就越强，创新基因也就越强大。

二是物种间和种群间是竞合共生的关系。物种间和种群间的关系不仅有竞争，也有合作，既相互依存，又互相制约。企业上下游之间，企业与金融机构、中介服务机构、用户之间既有基于比较优势带来的分工合作，也有基于价值链利益分配带来的竞争摩擦，还有基于信任关系建立起来的互利互惠的命运共同体。质优价廉的诺基亚（物种）败给了苹果建立的以 ios 技术标准为平台、以 iPhone 为终端的众多创新主体互利共赢的生态系统。硅谷（群落）的成功则源于斯坦福大学的科研人员、富有想象力的企业家和敢于冒险的投资家等物种间建立起来的相互依赖、相互激发、风险共担、收益共享的密切关系和外界不宜观察到的"生态循环"。

三是创新生态系统是开放的。在创新生态系统中，企业仅靠封闭式的内部创新，已经难以适应快速发展的市场需求以及日益激烈的企业竞争，"开放式创新"正在成为企业创新的主导模式。开放式创新强调企业应充分利用外部资源，以市场需求为导向，进行产学研用资协同创新，政府则要为创新搭建平台和培育环境。通过开放式的协同创新，可以吸收新的创新思想，满足客户需求，共同提升创新能力。

四是创新生态系统可以动态演进。创新生态系统在一定时期内具有稳定性，但系统内部的物种、种群在相互作用、不断繁衍过程中会出现基因变异，环境变迁也会对生态系统中的物种形成扰动。创新生态系统具有自组织动态演进特征，在不加干预情况下创新生态系统可能会进化或退化。政府政策介入可以改进生态环境，为创新物种提供适宜的生存环境。

五是创新生态系统具有边界。创新生态系统是有边界的，在特定地域范围内保持稳定性、独立性、路径依赖性和不可复制性。每一个区域创新生态系统都根植于当地的文化、制度背景，形成与其他生态系统可明确分辨的特征印记。全世界很多城市都在学习和模仿硅谷，但硅谷只有一个，难以复制，就是因为硅谷的创新生态系统根植于当地的文化、制度背景，从而形成了当地独特的创新生态循环。

第三节 创新生态系统的国内外经验借鉴

美国硅谷和中国深圳都是科技创新型城市，在创新生态系统构建方面形成了各具特色的发展模式，为雄安新区构建创新生态系统提供了可供借鉴参考的经验模式。

一、美国硅谷的经验借鉴

美国硅谷是全球著名的高科技产业集聚地，也是科技创新和产业变革的策源地，持续引领着美国乃至全球新兴产业发展和产业转型升级。硅谷高科技产业的发展，离不开当地创新生态系统的关键支撑。硅谷经验为雄安新区培育创新生态系统、集聚高端高新产业和建设创新驱动发展引领区提供了借鉴和启示。

一是大学为创新提供人才支撑和知识积累。硅谷拥有斯坦福大学、加州大学伯克利分校等世界著名高等学府，为硅谷打造全球创新之都培养了大量高素质的创新创业人才和工程师。斯坦福大学、加州大学伯克利分校每年向硅谷输送数千名高层次人才，斯坦福大学的毕业生大都在硅谷就业。惠普、思科、硅谷图像、太阳、网景、雅虎、英特尔、谷歌等一大批世界著名公司都是由斯坦福大学培养的学生创建的。此外，大学还承担着基础研究、技术研发、知识技术的积累与传播等职能。斯坦福大学深受创始人斯坦福先生"实用教育"理念的影响，将自身定位为研究型大学，建立了直线加速实验室、电子实验室、物理实验室、能源研究所等一批科研机构和实验室，为硅谷提供了世界最前沿的信息和生物技术支持。

二是政府为创新提供激励机制和制度保障。在硅谷发展初期，政府的资金扶持发挥了关键作用，尤其是二战和冷战时期，美国政府向斯坦福大学和加州大学伯克利分校提供巨额的科研经费用于基础研究和高科技开发,大批军事订单为硅谷初创企业提供了大量资金支持,催生了硅谷大量高科技企业和电子工业的发展。冷战结束后,美国政府依然对斯坦福大学等高校在国防、航天、通信、信息、生物医药、新材料、新能源等领域的基础研究给予资金支持。此外,政府还出台了《专利法》《商标法》《反不正当竞争法》《拜杜法案》等一系列激励创新、鼓励竞争、支持人才流动和促进科研成果转化的法律法规政策,为企业创新提供了公平自由的市场竞争环境。

三是风险投资为创新和成果转化提供资金支持。硅谷面积只有美国国土面积的万分之五,但集聚了全美国 40% 左右的风险投资。在斯坦福大学附近的沙丘大街 3000 号,集中了包括 Kleiner Perkins Caufield & Byers(凯鹏华盈)、New Enterprise Associates(恩颐投资)、Mayfield(梅菲尔德风险投资公司)、Sequoia Capital(红杉资本)等在内的超过 200 家风险投资公司。大量的风险投资为初创企业和高成长企业提供了充足的资金支持,帮助众多初创企业度过"死亡之谷",培育了一批又一批高科技企业。由于创新成功与否存在高度的不确定性,商业银行和股票、债券市场很难给予初创企业足够的资金支持,风险投资弥补了这一空缺,为高科技中小企业孵化和成长提供了动力之源。尤其是在 20 世纪 70 年代之后,风险投资逐渐取代政府资金,成为硅谷创新创业的主要资金来源。

四是"政—产—学—研—用—资"协同形成创新"生态循环"。在硅谷,政府、企业、大学、科研机构、用户和风险投资不是孤立存在的,而是建立起一个相互依存、相互激励、风险共担、收益共享的紧密关系网络,形成了外界不宜观察和模仿的"生态循环"。例如,政府军事订单和拨款促进了斯坦福大学科研能力和知识积累,政府出台的《拜杜法案》通过合理的制度安排,为政府、科研机构、产业界、风险投资协同致力于政府资助研发成果的商业化提供了有效的制度激励。斯坦福大学不仅为企业提供高素质人才,还为公司孵化提供产业园,为惠普等初创公司提供资金支持,为谷歌等高科技公司提供关键技术,支持学校科研人员创业和学生到企业实习,招聘企业人员到学校讲学。硅谷大多数企业创始人来自斯坦福大学,与斯坦福大学有关的企业(斯坦福师生和校友创办的企业)产值占硅谷产值的一半以上,校友捐款已经成为斯坦福大学科研经费的主要来源之一。敢于冒险的风险投资家与斯坦福的科研人员、富有想象力的企业家建立了相互依赖、相互激发、风险共担、收益共享的利益共同体,推动了创新成果的商业化和产业化。

五是崇尚冒险、宽容失败的创新文化提供创新土壤。文化是创新的土壤，基于文化的优势是最根本的、最难模仿的、最持久的竞争优势。硅谷崇尚冒险、宽容失败、鼓励竞争、注重合作、容忍"背叛"、开放多元的创新文化形成了硅谷独特的竞争优势。从世界各地涌向硅谷的人们怀揣梦想聚在一起，不断进行思想碰撞和交流，不断挑战自我和挑战权威，进行着各种各样的"创造性破坏"。创新活动面临技术风险、市场风险、财务风险、管理风险和政策风险等一系列风险，创新成功与否具有很大不确定性。哈佛大学商学院的罗森伯格指出，创新的尝试大多情况下以失败告终。但在硅谷，人们不会嘲笑失败，在风险投资者看来，失败三次以上的创业者最值得投资，因为每一次失败都是一次接近成功的试错。① 在硅谷，"背叛"和跳槽也是可以容忍的。例如，1956 年，威廉·肖克利离开贝尔实验室在硅谷附近建立了肖克利半导体实验室，并从东部招来诺伊斯、戈登·摩尔、斯波克、雷蒙德、桑德斯等在内的八位年轻人。1957 年，八位年轻人集体跳槽并成立了仙童半导体公司，1967 年，斯波克、雷蒙德等人离开仙童公司成立国民半导体公司，1968 年，诺伊斯、戈登·摩尔等人离开仙童公司成立英特尔公司。正是这种公司的裂变和人员的流动形成了硅谷电子产业集群，并不断推进产业创新。

二、中国深圳的经验借鉴

深圳是我国建设创新型城市的第一个试点城市，被誉为中国的"硅谷"，在创新生态系统构建方面形成了独具特色的"深圳模式"。创新带来了"深圳速度"和"深圳质量"，并不断驱动着产业迈向中高端。2021 年，深圳经济总量突破 3 万亿元，仅次于上海和北京，位居国内大中城市第三位，正在不断迈向具有全球影响力的科技创新高地和高科技产业集聚中心。深圳经验可以归纳为以下几点。

一是以企业为主体、市场为导向推进科技创新。创新有两种路径，一种是以大学、科研机构为起点，政府集中财力支持上游高校和科研院所开展科学研究，并自上而下推动科研成果转化应用。另一种是以企业为主体，以市场需求为导向，通过产学研合作的方式，逐步向创新链上游推进。科教资源匮乏的深圳走的是后一种自下而上的创新之路，并形成了"6 个 90%"，即

---

① 辜胜阻，李洪斌，王敏. 构建让创新源泉充分涌流的创新机制 [J]. 中国软科学，2014，227（1）：11-18.

"90%以上的创新型企业是本土企业、90%以上的研发机构设立在企业、90%以上的研发人员集中在企业、90%以上的研发资金来源于企业、90%以上的职务发明专利出自企业、90%以上的重大科技项目发明专利来源于龙头企业"。① 这种创新路径以企业为主体，将研发、生产与市场进行了有效对接。市场既是技术研发的出发点，也是落脚点。

二是以科技为源头、产业为终端推进产业创新。过去，科技创新与产业创新经常脱节，科学发现和新技术催生新产业和改造传统产业速度缓慢。而随着以互联网为代表的新经济的到来，科技创新与产业创新几乎同步发生。深圳以科技创新为源头，以产业创新为终端，以产业化创新对接科技创新和产业创新，不断培育壮大新经济，改造提升传统经济。2022 年，深圳市战略性新兴产业增加值合计 13322.1 亿元，占地区生产总值的 41.1%。②

三是以人才为抓手吸纳集聚高端创新要素资源。科教资源是深圳实施创新驱动发展战略的短板，为此深圳把人才队伍建设放在优先发展的位置，大力实施人才强市战略。深圳市先后出台了"孔雀计划""人才安居工程"等一系列引进高层次人才的政策。同时，深圳市超常规建设了一大批国家、省、市级重点实验室、工程实验室、工程（技术）研究中心、孵化器等创新载体。截至 2022 年，深圳市已累计建设各类创新载体 3223 家，其中国家级 153 家、省级 1278 家。③ 此外，深圳市面向全球引进优质高等教育资源，推进高等教育开放式跨越式发展。在 1983 年深圳大学创办之前，深圳市没有一所高等院校。到 2022 年，深圳市普通高等学校数目增加到 15 所。④

四是以移民文化为依托培育开放包容的创新环境。深圳是一个典型的移民城市。在设立经济特区之初，深圳还是一个只有 3 万人的边陲小渔村，到 2022 年，深圳市常住人口已经达到 1766.2 万人。⑤ 在深圳的人口结构中，大多数人口是新移民。人们来自全国各地，带着不同文化、梦想和创新精神来到深圳，由此形成了深圳特有的"敢于冒险、追求成功、崇尚创新、宽容失败"的开放、多元、包容的创业创新文化。由于是一个移民城市，天南海北的人聚在一起形成了吃苦耐劳、敢于冒险的进取精神，允许试错、宽容失败

---

① 徐恬.6 个 90%树立企业创新主体地位［N］.深圳特区报，2022-08-16（A1）.
② 深圳市 2022 年国民经济和社会发展统计公报。
③ 杨阳腾.深圳打通成果转化链条［N］.经济日报，2023-05-04（12）.
④ 深圳市 2022 年国民经济和社会发展统计公报。
⑤ 深圳市 2022 年国民经济和社会发展统计公报。

的包容精神，允许跳槽、鼓励流动的职业伦理，崇尚创新、兼容并蓄的开放文化。以腾讯、华为等为代表的高科技企业通过创新和裂变，发展壮大了自身的同时，快速孵化出一批创新型企业。

五是以金融创新为支撑助推科技创新创业。为促进科技和金融融合，发挥金融创新对科技创新的推动作用，深圳市发布了促进科技和金融相结合的相关文件，大力发展创业投资，完善多层次资本市场，形成各类金融工具协同支持科技创新发展格局，打造了中国的"创投之都"。近几年，深圳相继挂牌成立了科技金融服务中心、科技金融联盟、科技金融促进会等多个机构及组织，旨在促进科技金融领域各创新要素的聚集，搭建科技企业和资本对接的舞台。风险投资是新常态下加快创新驱动发展的助推器，作为首个国家创新型城市，深圳大力发展风险投资，促进金融业与产业链、创新链的有序对接。深圳已成为我国风险投资积极性最强、投资最活跃的城市，实现了科技创新与金融创新"双轮驱动"。

第四节　雄安新区产业创新生态系统构建

硅谷和深圳经验为雄安新区构建创新生态系统提供了政策启示。在借鉴国内外经验时，需要考虑到雄安新区与硅谷和深圳在发展阶段、区位条件、资源禀赋、制度环境、文化背景等方面存在的差异，考虑上述经验在雄安新区的适用性和可推广性。雄安新区只有基于自身特殊条件，有选择地借鉴硅谷和深圳经验，才能打造符合雄安实际、根植于当地土壤的创新生态系统。

一、补齐科教资源领域短板

高等教育是高水平科技自立自强的基础性、战略性支撑，也是区域创新生态系统的关键构成和创新能力提升的根本动力。雄安新区高端高新产业培育和创新能力提升缺乏优质高等教育资源的支持。按照教育部"四点一线一面"的教育布局，响应在京部委高校主动服务雄安新区建设的号召，以新机制、新模式建设世界一流的雄安大学，打造雄安新区高等教育发展战略支点，推进雄安新区高等教育集群发展。借势北京非首都功能疏解带来的政策机遇，在目前已经明确承接的四所部属高校〔北京科技大学、北京林业大学、北京交通大学、中国地质大学（北京）] 的基础上，进一步吸引更多在京高校、科研院所到河北办分校、合作办学或整体迁入。支持雄安新区在新兴和前沿教育领域开展国际合作，创新国际教育合作模式，打造国际教育创新合作示范区，形成具有全球竞争力的开放高等教育体系。

二、吸纳集聚人才创新要素

实施人才优先发展战略，把人才作为雄安新区构建创新生态系统的第一支撑要素，创新选人用人机制，完善人才引进和培养机制，破除束缚人才发展的体制机制，打造雄安新区高端创新人才集聚区。面向全球招聘与雄安新区高端高新产业发展相关的高层次人才，面向全国选拔优秀人才到雄安新区工作，建立与北京市的常态化干部人才交流机制，完善国内外高层次人才引进与激励政策体系，聚天下英才而用之。鼓励外国投资者在雄安新区设立人才中介机构，加强与国外人力资源服务机构合作，参与国际人才竞争，对特殊人才实行特岗特薪。建立健全人才流动机制，鼓励人才在企业、高校、科研机构之间自由顺畅流动。完善人才服务保障体系，创新人员编制管理，赋予雄安新区在制定实施人才政策方面更大的自主权，让高端人才不仅能够引进来，还能够留得住、用得好。

三、建立服务科技和产业创新的金融体系

完善多层次资本市场体系，发挥金融对科技创新和技术成果转化的促进作用，推进资本链与创新链、产业链、市场链的有效对接，形成从实验研究、中试、生产、上市全过程科技产业创新融资模式。发挥天使投资（AC）对初创企业的扶持作用，支持风险投资（VC）和私募股权投资（PE）等股权投资，建立以风险投资为核心的股权投资体系，打造产业、创新和创投的"铁三角"。研究完善对创业投资企业和机构的税收等激励政策，诱导 AC、VC、PE 投向种子期、初创期的创新活动，培育壮大创业投资规模。按市场化原则设立国有资本创业投资基金、战略性新兴产业投资引导基金，引导国有资本和社会资本支持处于早中期和初创期的科技型企业。完善天使投资、风险投资、私募股权投资退出通道，发挥中小板、创业板和新三板对科技创新的融资功能。争取新三板等金融机构落户雄安，为雄安新区创新型企业挂牌开辟绿色通道。建立区域性股权交易市场，明确其法律定位，推进其与其他金融

机构合作，为企业提供股权融资、债券融资和信贷融资，满足不同发展阶段的企业融资需求。支持各大金融机构在新区设立科技银行，与各级政府、担保公司合作共建科技型企业统借统贷平台，开展先借后补、联保联贷等个性化融资服务。创新企业债发行机制，支持雄安新区的高新技术产业通过发行债券进行低成本融资，创新债券品种，简化企业债审批程序。建立各级政府机构相互协调的公共创新投入机制，比如国家科技资金优先投入基础科研和技术开发领域，而地方政府科技资金重点支持具有市场前景的应用性研究和产学研合作项目。

四、推进产学研协同创新

借鉴硅谷初期的发展模式，通过政府采购、军事订单等方式支持大学、科研机构和企业进行协同创新，从需求端扶持创新创业，诱导新技术、新产业发展，培育壮大初创企业，形成创新产业集群。协同创新过程中要注重引入风险投资，分散创新创业风险，让风险投资逐步取代政府资金，成为创新创业的主要资金来源。重点培育中小微企业，大力发展科技金融，构建国企与民企、大型企业与中小企业、产业与资本紧密结合的政产学研资协同创新的生态网络，形成大企业顶天立地、中小微企业铺天盖地的局面。支持部分科研人员创新创业或到企业兼职，鼓励科研人员以技术入股科技型企业。吸引央企总部、科技创新企业落户雄安，鼓励北京的科技人员到雄安新区创新创业。推进在京央企总部搬迁到雄安新区，推进国企混合所有制改革，激发国企创新活力。利用京津科技资源密集的优势，在雄安新区建设一批联合研发基地、协同创新中心和科技成果转化基地，促进京津研发成果在雄安新区转化应用和产业化。

五、政府提供激励创新的政策和制度安排

减少政府对市场的行政干预，充分发挥市场在配置创新资源中的决定性作用，让市场甄别技术优劣并促进新技术新产业发展。打破行业垄断和地方保护，促进生产要素自由流动，营造有利于创新的公平竞争市场环境，充分激发市场活力。更好发挥政府在创新薄弱环节和共性关键技术领域提供政策支持的作用，构建普惠性的以需求侧为主的创新支持政策体系，对创新型企业的产品实现"首购"和优先购买政策，扩大其市场需求。深化科技管理体

制改革，完善产业服务体系，推动政府从研发管理向创新服务转变。破除束缚科技创新和科技成果转化的制度障碍，建立健全科技资源配置机制、科技信息共享机制、科技人才流动机制、科技中介组织机制、技术交易信用机制、成果转化激励机制、转化收益分配机制和市场运行监管机制，出台有利于科技创新、技术交易与成果转化的集成创新政策，推进科技成果全过程高效转化和创新收益合理分配。完善技术转让制度，在雄安新区试点完善国有技术类无形资产转让制度，推动建立京津冀技术交易统一平台，推广"国有科技成果挂牌交易系统"和"国有科技成果交易信息公示系统"，实现国有科技成果在雄安新区跨区域转化落地。加强知识产权保护，完善技术转让制度，推动技术交易平台建设。加大对"双创"的金融支持和税收优惠政策，减轻初创企业负担，提高初创科技企业的存活率。

六、培育鼓励创新创业的文化氛围

培育崇尚创新、宽容失败、开放合作、多元发展的创新文化，营造大众创业、万众创新的良好社会氛围。营造宽松的科研氛围，建立科研成果转化和面向市场需求研发的正向激励机制，激发创新主体的内在动力，培养企业家精神。重视科研试错探索价值，支持创新主体试错纠错，建立鼓励创新、宽容失败的容错纠错机制。打造开放包容的创新文化和氛围，建设开放的创新网络系统，使进入雄安新区的创新主体较容易地嵌入网络系统中。大力弘扬创客文化和极客精神，推进创客空间建设，为创新创业提供平台，鼓励大众创业万众创新，激活全社会的创新活力和激情。构建社会信用体系，加大对诚实守信者的支持和失信行为的惩戒。构建特色优势明显的区域创新体系，形成崇尚创新、尊重创新的浓郁社会氛围。

第九章

雄安新区产业转型升级的思路和对策

《河北雄安新区规划纲要》明确雄安新区重点发展"新一代信息技术、现代生命科学和生物技术、新材料、高端现代服务业、绿色生态农业"等五大高端高新产业。但目前雄安新区以传统产业为主,高端高新产业面临"无中生有"和"平地起高楼"的现实困境。雄安新区的产业转型升级需要基于自身产业基础和发展定位,明确产业转型升级的总体思路,探索产业转型升级的实现路径,提出产业转型升级的政策建议和制度保障。

第一节　雄安新区产业转型升级的总体思路

雄安新区产业转型升级的总体思路是顺应外部环境发生的"三大变化",处理好产业转型升级的"四个关系",推进产业发展实现"五个转向",以新发展理念引领产业高质量发展,促进传统产业迈上全球价值链中高端,推动战略性新兴产业融合集群发展,在京津冀协同发展大战略中培育产业发展新动能,在国内国际双循环大格局中塑造产业竞争新优势。

一、顺应外部环境发生的三大变化

从国际看,世界正经历百年未有之大变局,既有新一轮科技革命和产业变革带来的发展机遇,也有贸易保护和全球化逆流带来的技术和市场封锁,还有疫情冲击带来的供应链产业链"断链""短链"风险。

从国内看,我国正在构建以国内大循环为主体、国内国际双循环相互促进的新发展格局,高端高新产业发展既要嵌入全球价值链,又要构建自主可控的国内产业链,在国内国际双循环中形成新兴产业链集群。

从区域看,"南北分化"成为新特征,区域发展不充分、不协调问题依然突出,北京"大城市病"和河北中小城市"功能性萎缩"并存,亟须在雄安新区打造高质量发展的"新动力源",缩小区际和南北发展差距。

因此,雄安新区产业转型升级必须深刻认识到国内外环境变化带来的新特征、新要求、新机遇和新挑战,立足现有发展阶段和资源禀赋条件,准确识变、科学应变和主动求变,系统谋划高端高新产业发展的新思路和新举措。

二、处理好产业转型升级的四个关系

一是处理好新兴产业与传统产业的关系。雄安新区上升为国家战略后,产业转型升级是一个必然趋势。但要把握好节奏、力度和实施步骤,切忌一切"推倒重来",防范片面追求跨越赶超带来的各种风险。要正确认识新兴产业和传统产业的关系,两者不是割裂对立的,传统产业不等于低端落后产业或夕阳产业,许多新兴产业是在传统产业基础上发展起来的。雄安新区要同步做好增量调整和存量优化两篇大文章,既要大力发展新兴产业集群,也要改造提升传统产业,确保产业"稳中求进"。

二是处理好主导产业与基础产业、关联产业、潜导产业、未来产业的关系。雄安新区要重点发展新一代信息技术等五大新兴主导产业,配套发展与主导产业密切相关的基础产业和关联产业,并在主导产业发展过程中根据形势变化积极扶持潜导产业和未来产业,构建现代化产业体系。尊重产业发展规律,既要注重产业关联配套,防止主导产业"孤军奋战"和"孤掌难鸣",也要突出特色重点,避免各类产业"平衡发展"和"同步推进"。

三是处理好功能疏解与集中承接的关系。要准确识别北京非首都功能和雄安新区的产业功能需求,不能"萝卜白菜都往筐里装"。北京重点疏解的四类非首都功能中,第一类"一般性产业特别是高消耗产业"和第二类"区域性物流基地、区域性专业市场等部分第三产业"显然不符合雄安新区功能定位。雄安新区不同于一般意义上的新区,重点承接的是第三类和第四类中的行政事业单位、总部企业、金融机构、高等院校、科研院所等,不符合条件的坚决不能要。

四是处理好"两翼"产业隆起与辐射带动的关系。河北雄安新区和北京城市副中心作为北京"两翼"和两个集中承载地,要差异化承接北京高端高

新产业。雄安新区和张北地区作为河北高质量发展的"两翼",串起"三轴""四区"和多个重要城市节点。雄安新区通过集聚创新要素和新兴产业,发挥"创新发展引领翼"的作用,促进"中部核心功能区"崛起,辐射带动"南部功能拓展区"发展,开创"十四五"时期河北"两翼"发展新局面。

三、推进产业发展实现五个转向

一是从传统的工业集聚区转向高端高新产业链集群。根据《河北雄安新区规划纲要》,雄安新区"瞄准世界科技前沿,面向国家重大战略需求,通过承接符合新区定位的北京非首都功能疏解,积极吸纳和集聚创新要素资源,高起点布局高端高新产业,推进军民深度融合发展,加快改造传统产业,建设实体经济、科技创新、现代金融、人力资源协同发展的现代产业体系"。这意味着雄安新区不是传统工业的集聚区,更不是炒房淘金的地方。雄安新区重点发展的是"新一代信息技术、现代生命科学和生物技术、新材料"等高端制造业,以及"金融服务、科创服务、商务服务、智慧物流、现代供应链、数字规则、数字创意、智慧教育、智慧医疗"等高端现代服务业,实现高端制造业和现代服务业深度融合发展。雄安新区通过高起点承接北京非首都功能疏解和产业升级转移,吸引京津科技创新成果在雄安新区孵化转化,打造京津冀科技创新和产业合作新平台。雄安新区通过对符合功能定位和发展方向的传统产业进行改造提升,促进传统产业沿着全球价值链向中高端环节攀升。雄安新区通过"外引内培、功能移植、改造提升、产业融合"等方式推进产业转型升级,打造高端制造业和现代服务业相互促进的新兴产业链集群,为其他地区产业转型升级提供可借鉴的经验模式。

二是从传统的追求产业规模转向追求高质量发展。深圳经济特区是在我国改革开放初期设立的,创造了"深圳速度"。上海浦东新区是在我国改革开放从区域性试验转入全面展开阶段设立的,创造了"浦东奇迹"。雄安新区是在我国改革开放进入攻坚期、经济从高速增长转向高质量发展阶段批复设立的,承担着解决北京"大城市病"、培育京津冀高质量发展新动力源、建设现代化经济体系新引擎和打造高质量发展全国样板的历史重任。雄安新区的发展不在于追求经济增速和产业规模,而在于加快转变经济发展方式,通过质量变革、效率变革和动力变革,构建高质量发展的动力系统,提升经济发展质量效益，推动经济发展从注重经济效益转向兼顾经济、社会和生态效益，从过去"争资源""铺摊子""上项目"的老路转向创新发展、绿色发展和高质量发展的新路，探索人口经济密集地区优化开发新模式。

三是从传统的要素投资驱动转向科技创新驱动。"创新驱动发展引领区"是雄安新区四个具体功能定位之一。根据《河北雄安新区规划纲要》，雄安新区"坚持把创新作为高质量发展的第一动力，实施创新驱动发展战略，推进以科技创新为核心的全面创新，积极吸纳和集聚京津及国内外创新要素资源，发展高端高新产业，推进产学研深度融合，建设创新驱动发展引领区和综合改革试验区，布局一批国家级创新平台，打造体制机制新高地和京津冀协同创新重要平台，建设现代化经济体系"。雄安新区要打造"创新驱动发展引领区"和"高端高新产业核心区"，就要从传统的依靠要素投资驱动发展模式转向依靠科技创新驱动发展模式，集聚和吸纳全球高端创新要素资源，打造贯彻落实新发展理念的创新发展示范区，形成全球科技创新高地。未来，雄安新区产业发展必将面向全球科技前沿，构建社会主义市场经济条件下关键核心技术攻关新型举国体制，在制约我国产业沿着全球价值链向中高端环节攀升的"堵点""断点"和"难点"方面有所作为，在产业转型升级的动能转换方面探索新路和做出表率。

四是从传统的依靠优惠政策转向依靠制度创新。以往的国家级新区及其他政策功能区重视优惠政策带来的"洼地效应"，通过土地、税收、补贴等优惠政策吸引周边要素资源流入，通过"虹吸效应"和"极化效应"，快速形成要素、企业和产业集聚优势。但通过优惠政策挤占周边地区发展资源的模式不仅不能有效辐射带动周边地区发展，还容易造成恶性竞争、重复建设、市场分割等新的区域问题。雄安新区是我国改革开放的时代"新地标"，肩负着为国家试制度、为区域谋发展、为开放探新路的历史使命。雄安新区受到各方面利益牵绊较少，有利于在土地利用、财税体制、科技创新、生态文明等方面开展一系列根本性的制度创新试验，为我国全面深化改革提供可复制、可推广的制度创新成果和典型经验模式。雄安新区要发挥"制度创新试验田"的独特优势，在制约产业转型升级的体制机制方面开展一系列具有前瞻性的制度创新试验，增强改革的系统性、整体性和协同性，为其他地区产业转型升级提供可复制可推广的制度创新成果。

五是从传统的本地产业发展转向跨区域协同发展。河北雄安新区既是北京"两翼"的重要组成部分，也是河北"两翼"的重要组成部分，是京津冀协同发展向纵深推进过程中的又一重大国家战略。这就决定了雄安新区的产业发展不能走独立发展的老路，而要走协同发展的新路。作为北京"两翼"的重要组成部分，雄安新区既要守住"北京非首都功能疏解集中承载地"的初心，集中有序承接北京非首都功能疏解和产业升级转移，同时也要把握"首都功能拓展区"的政策寓意，引进一些首都的优质功能。按照中共中央、国务院的要求，"积极稳妥有序承接符合雄安新区定位和发展需要的高校、医疗机构、企业总部、金融机构、事业单位等，严格产业准入标准，限制承接和布局一般性制造业、中低端第三产业"，① "构建有利于增强对优质北京非首都功能吸引力、符合高质量发展要求和未来发展方向的制度体系"②。作为河北"两翼"的重要组成部分，雄安新区不仅自身要培养壮大高端高新产业，同时也要与周边地区形成产业关联配套和跨区域产业链集群，实现区域产业协同高质量发展。雄安新区产业协同发展的创新实践，可以为其他地区产业转型升级提供经验借鉴。

四、以新发展理念引领产业高质量发展

习近平总书记指出，雄安新区要牢固树立和贯彻落实新发展理念，适应把握引领经济发展新常态，建设绿色生态宜居新城区、创新驱动发展引领区、协调发展示范区、开放发展先行区，努力打造贯彻落实新发展理念的创新发展示范区。习近平总书记强调，改革开放初期设立了深圳经济特区，创造了深圳的速度，40年后的今天，我们设立雄安新区要瞄准2035年和本世纪中叶"两步走"的目标，创造"雄安质量"，在推动高质量发展方面成为全国的一个样板。

新发展理念是习近平新时代中国特色社会主义经济思想的核心内容，也是雄安新区产业转型升级的根本遵循和行动指南。雄安新区产业转型升级要以新发展理念为引领，推动产业质量变革、效率变革、动力变革，实现"创新成为第一动力、协调成为内生特点、绿色成为普遍形态、开放成为必由之

---

① 《河北雄安新区规划纲要读本》编写组．河北雄安新区规划纲要读本［M］．北京：人民出版社，2018：3-4.

② 中共中央国务院关于支持河北雄安新区全面深化改革和扩大开放的指导意见［N］．人民日报，2019-01-25（1）.

路、共享成为根本目的"的高质量发展。

"绿色生态宜居新城区"的功能定位为雄安新区产业转型升级提供了方向指引。坚持生态环境优先，不是要限制经济发展，而是要提高发展的综合效益，守住发展的生态底线，避免"竭泽而渔"。习近平总书记指出，保护生态环境就是保护生产力，改善生态环境就是发展生产力。绿色发展非但不是经济发展的"绊脚石"，反倒是产业结构转型、经济增长新动能培育的突破口。经济越发展，人们对生态环境越关注，对生态产品的需求越强烈。绿色发展可以推进产业生态化和生态产业化，形成可持续发展的循环型产业体系。要树立绿水青山就是金山银山的发展理念，积极发展循环经济、绿色经济和低碳经济，推进产业发展"减污降碳协同增效"，实现产业发展全面绿色转型。

"创新驱动发展引领区"的功能定位为雄安新区产业转型升级提供了根本动力。当前雄安新区正处于产业结构调整和新旧动能转换的关键期，河北省正处于加快转型、绿色发展、跨越提升的攻关期。雄安新区要把发展的基点放在创新上，通过创新来适应和引领经济新常态。强化科技创新引领作用，建立以企业为主导、产学研合作的产业技术创新战略联盟，推进产学研协同创新和科技成果转化。通过科技创新，提高产品质量和档次，塑造品牌，不断推进产业迈向中高端，使供给结构满足消费升级需求。

"协调发展示范区"的功能定位为雄安新区产业转型升级提供了重要支撑。雄安新区通过与北京城市副中心错位承接北京非首都功能疏解，解决北京"大城市病"问题。通过两个"两翼"联动，串起京津冀三轴、四区和多个重要节点城市，打造京津冀世界级城市群。通过深入实施河北"两翼"发展战略，辐射带动河北产业转型升级，解决河北中小城市功能性萎缩问题。树立一盘棋思想，推进区域和城乡一体化发展，推进产业、人口和资源环境协调发展。

"开放发展先行区"的功能定位为雄安新区产业转型升级提供了必由之路。雄安新区要坚持开放发展理念，充分利用两个市场、两种资源，在更大范围优化配置资源，通过内外联动增强发展的动力。抓住京津冀协同发展的战略机遇，充分利用京津冀创新资源密集的优势，引进京津高科技企业、技术人才和科技成果，高点承接北京产业转移和功能外溢，推进京津研发成果落地。抓住"一带一路""RCEP"等发展机遇，推动产品和品牌输出，加强技术交流与合作。

总之，雄安新区产业转型升级，要以新发展理念为引领，以供给侧结构性改革为主线，以高质量发展为主题，以提高质量效益为中心，以满足人民日益增长的美好生活需要为目标，以高端高新产业集聚为特征，以承接北京非首都功能疏解为抓手，以提升产业链供应链韧性和安全水平为支撑，以科技创新为动力，以体制机制创新为保障，推动形成更高质量、更有效率、更加开放、更为公平、更可持续的现代化产业体系。

第二节　雄安新区产业转型升级的基本要求

从国内看，经济发展进入新阶段。我国经济发展从高速增长转向高质量发展新阶段，社会主要矛盾转化为人民日益增长的美好生活需要和不平衡不充分的发展之间的矛盾。经过改革开放 40 多年的高速增长，我国经济发展已进入增速换挡、结构变化和动力转换的新阶段，面临资源环境硬约束和要素成本新变化。在新的发展阶段，雄安新区产业发展不能再走依靠廉价劳动力投入和资源环境消耗的传统发展路径，而是要推进产业发展从要素和投资驱动向创新驱动转变，从固守传统产业向培育壮大高端高新产业转变，从追求速度规模向追求质量效益转变，从注重经济增长向兼顾经济效益、社会效益、生态效益转变，积极探索人口经济密集地区内涵、集约、高效发展新模式。

从国际看，外部环境出现新变化。近年来，"逆全球化"思潮和贸易保护主义抬头，全球经贸增速在低位徘徊，国际贸易摩擦持续不断，国际金融市场动荡加剧，地区不稳定性因素明显增多。改革开放初期，我国依靠廉价的劳动力和资源环境成本，通过加工贸易和服务外包等形式嵌入全球价值链中低端环节，形成产业比较优势和规模优势。但随着我国产业向全球价值链中高端环节攀升，在新兴产业领域与发达国家技术差距缩小，依靠从发达国家引进技术和"干中学"实现产业跨越式发展越来越难。雄安新区发展高端高新产业必然会面临发达国家的技术封锁和围堵，需要尽快提高自主创新能力，掌握产业核心技术，提高核心竞争力，争取在部分产业领域成为全球价值链的"链主"。

从自身来看，产业发展亟须跨越提升。《河北雄安新区规划纲要》指出，雄安新区要"发展高端高新产业"和"打造全球创新高地"。但是雄安新区目前主导产业以制鞋、服装、塑料包装等传统产业为主，工业化尚未完成，产业处于全球价值链中低端环节，面临现有主导产业与新区发展定位不匹配的问题。作为高质量发展的全国样板，雄安新区未来产业发展不仅需要推进传统产业转型升级，更要加快培育壮大高端高新产业，塑造新兴产业竞争新优势，打造全国创新驱动发展引领区。

在上述条件下，雄安新区产业发展不能再走铺摊子、上规模和先污染后治理的老路，而要探索走出一条创新发展、绿色发展和高质量发展的新路，推进产业加快转型、动能转换和跨越提升。雄安新区要主动适应我国高质量发展的阶段性特征和外部发展环境新变化，高点承接北京非首都功能疏解和产业升级转移，积极吸纳集聚高端创新要素资源；大力实施创新驱动发展战略，提升技术吸收和自主创新能力，打破传统产业发展的路径依赖和发达国家的技术封锁；抢占全球产业和科技战略制高点，迈上全球价值链中高端，塑造新兴产业竞争新优势，在部分新兴产业领域成为全球价值链的"链主"；同时，要在实现自身产业跨越赶超的同时，辐射带动周边地区乃至全国的产业高质量发展。

第三节　雄安新区产业转型升级的基本原则

雄安新区的产业转型升级，要牢牢把握产业发展定位，以改革创新破题开路，以供给侧结构性改革谋篇布局，推进产业发展提质增效，促进传统产业迈上全球价值链中高端，引导产业跨界融合发展，培育壮大战略性新兴产业集群，同步做好存量优化和增量调整两篇大文章，同步推进对外开放和区域协调发展，探索出一条创新发展、绿色发展、高质量发展的转型升级之路。

一是改革创新，探索引领。以深化改革破题开路，以创新发展引领转型升级，打造贯彻落实新发展理念的创新发展示范区，探索人口经济密集地区内涵、集约、高效发展新模式，引领产业向高端化、服务化、融合化、智能化、集群化、绿色化方向发展。在科技创新、产业创新、体制机制创新等方面进行一些超前的制度性探索，为全国提供可复制、可推广的经验。

二是质量第一，效率优先。主动适应我国社会主要矛盾变化和高质量发展的阶段性特征，主动把握引领经济发展新常态，坚持以提高质量效益为中心，以供给侧结构性改革为主线，推动产业质量变革、效率变革和动力变革，以高质量发展引领产业转型升级，提高全要素生产率，打造产业竞争新优势。

三是存量优化，增量调整。坚持"淘汰低端与发展高端相结合、产业转移与转型升级相结合、政府引导与市场运作相结合"的原则，同步做好存量优化和增量调整两篇大文章。推进传统产业转型升级，加强工业设计和智能制造，不断攀升全球产业价值链中高端。积极引进高端高新产业，集聚高端创新要素资源，培育壮大战略性新兴产业和生产性服务业，提高生活性服务业品质，集约发展都市型现代农业，加快形成具有雄安特色的现代产业体系。

四是绿色发展，跨越提升。坚定不移走生态优先、绿色发展之路，把绿色低碳循环发展作为科技创新和产业变革的主攻方向，把"减污降碳协同增效"作为产业绿色转型的总抓手，加快转变经济发展方式，推进产业发展从注重经济增长向兼顾经济效益、社会效益、生态效益转变，坚定走好加快转型、绿色发展、跨越提升的产业发展之路。

五是集聚发展，空间均衡。雄安新区在集聚创新要素和高端高新产业的同时，充分考虑区域环境容量，划定生态红线和城市开发边界，引导产业集聚发展、组团发展和错位发展，促进产业、人口与资源环境相协调，实现土地集约利用、产城融合和职住平衡。

六是开放发展，区域协同。主动顺应经济全球化潮流，积极对接"一带一路"倡议，全面提升对内对外开放水平，打造扩大开放新高地和对外合作新平台，推进传统产业攀升全球价值链中高端，促进新兴产业参与全球价值链治理。高门槛承接北京非首都功能疏解和产业升级转移，深入推进京津冀协同发展，积极吸纳北京高端创新要素和高端高新产业，打造京津冀协同创新重要平台，提升雄安新区产业层次、创新能力和公共服务水平，促进区域产业协同高质量发展。

第四节　雄安新区产业转型升级的路径选择

雄安新区产业转型升级有四条路径可供选择，一是产业功能移植，二是全球价值链攀升，三是区域产业衍生，四是创新生态孕育。

一、产业功能移植

雄安新区是北京非首都功能疏解的集中承载地和首都功能拓展区。雄安新区目前以传统产业为主，并已形成塑料包装、乳胶制品、电气电缆、压延制革、服装、制鞋、羽绒制品、有色金属八大产业集群。但这些传统产业集群中的企业相当一部分属于高耗能、高排放的"散乱污"企业，处于全球产业价值链的中低端环节，面临资源环境硬约束，不符合雄安新区功能定位和未来产业发展方向。

雄安新区要想尽快形成新兴产业集聚态势，单纯靠市场自发培育短期内难以形成集聚态势，必须发挥高能级政府作用，依靠制度创新、政策扶持和北京非首都功能疏解带来的战略机遇，为新兴产业初始集聚提供原始动力。雄安新区需要基于自身功能需求和产业发展定位，加快制定承接北京非首都功能疏解的重点项目清单，明确承接重点，营造承接环境，制定承接政策，精准有序地承接北京非首都功能疏解。按照中央的战略部署，重点承接符合雄安新区功能定位和未来发展需要的"高等院校、科研机构、医疗机构、企业总部、金融机构、事业单位"等六类优质功能，集聚吸纳北京高端科技创新要素资源，限制承接一般性制造业、高消耗性产业和中低端第三产业。雄安新区通过高起点承接北京优质非首都功能疏解和产业升级转移，为高端高新产业初始集聚并形成累积循环"正反馈"作用机制打下基础。日本的筑波科学城、韩国的大德科技园和我国的昆山等地都是"外部植入型"产业发展的典型案例，对雄安新区具有重要的借鉴和启示意义。

二、全球价值链攀升

在全球价值链中，企业借助全球生产网络和产业分工体系获取技术进步和市场联系，进而实现技术水平、生产效率和价值获取能力的提高。全球价值链下的贸易、投资、知识流动为企业技术创新和产业转型升级提供了良好途径。通过全球价值链中的动态学习和创新机制，后发地区可以逐步改善自身在全球产业分工网络中的地位。后发地区沿全球价值链进行产业升级的路径可以概括为流程升级、产品升级、功能升级和链条升级，流程升级和产品升级相对容易，但功能升级和链条升级通常会受到发达国家的控制和阻击，面临"低端锁定"风险。

雄安新区产业发展可以沿着全球价值链向"微笑曲线"两端的中高端环节跃升，或进入新的产业链条，实现跨行业的链条升级。首先，雄安新区通过供给侧结构性改革，推进传统产业质量变革、效率变革和动力变革，实现流程升级和产品升级。其次，雄安新区主动破解资源环境承载力对传统产业发展的硬约束，推进传统产业从加工制造等低附加值环节转向研发、设计、品牌、营销等高附加值环节，逐步实现产业功能升级。再次，雄安新区要基于现有产业基础，瞄准"新一代信息技术、现代生命科学和生物技术、新材料、高端现代服务业、绿色生态农业"等五大新兴主导产业，构建现代产业体系，实现跨行业的链条升级。最后，雄安新区要围绕构建"双循环"新发展格局，打造跨区域的新兴产业链集群，并推进区域产业链与全球价值链对接，从而突破传统产业的"路径依赖"和"低端锁定"，实现新兴产业的"路径创造"和"高端跃升"。

三、区域产业衍生

传统产业与新兴产业不是相互割裂的，而是存在紧密的产业技术关联、需求应用关联和投入产出关联。新兴产业脱胎于与其存在内在关联性的传统产业，是对现有传统产业能力的重新组合，或者依托现有传统产业为其提供产业关联配套。

雄安新区新兴产业发展可以基于现有传统产业基础，通过渐进式创新实现内生的路径创造。从企业层面来看，区域产业衍生是指雄安新区现有企业通过关联多样化进入与企业原有生产活动相关的新兴行业领域，或者通过原始创新、协同创新、技术引进等方式进入与企业原有生产活动不相关的新兴行业领域。从产业层面来看，区域产业衍生是指雄安新区通过科技创新驱动传统产业沿着全球价值链从加工制造等低端环节向研发、设计、品牌、营销等中高端环节跃升，或者通过"腾笼换鸟"实现产业结构从传统产业为主向新兴产业为主转变。产业结构内生于要素禀赋结构，因此雄安新区传统产业转型升级的重点在于实现要素禀赋结构的升级，形成与新兴产业相匹配的要素禀赋结构。从区域层面来看，区域产业衍生是指雄安新区新兴产业通过需求应用关联，利用区域外部的创新要素资源、产品市场需求和关联配套产业，通过分工合作机制实现与周边地区产业协同开放、协同创新、协同发展和协同集聚。

四、创新生态孕育

创新生态系统是以生物学的演化规律来揭示城市或区域内的各类产业创新主体的互动过程。在创新生态系统中，企业、大学和科研机构是协同创新的核心层，政府部门、中介机构和用户等构成协同创新的外围层，通过多元主体的紧密互动形成"产学研—政介用"创新生态系统。创新主体的多样性、开放性和竞合共生关系是创新生态系统得以形成、维持和自我增强的关键。

美国硅谷和中国深圳的产业创新发展模式为雄安新区构建创新生态系统提供了典型经验借鉴。以美国硅谷为例，斯坦福大学、加州大学伯克利分校等世界著名的高等院校为硅谷培育了大量的创新创业人才，政府采购、军事订单、基础研究经费支持和大量风险投资机构为硅谷新兴产业发展提供了稳定和充足的资金来源，崇尚创新、宽容失败的文化氛围为硅谷企业创新提供了土壤，《专利法》《商标法》《反不正当竞争法》和《拜杜法案》等法律制度为硅谷知识产权保护、科技成果转化和营商环境改善提供了制度保障。我国的深圳基于改革创新的实践探索，形成了以科技为源头、以企业为主体、以人才为抓手、以金融为支持、以市场为导向、以产业为终端、以移民文化为依托的创新生态系统。在硅谷和深圳，政府、企业、大学、科研机构、风险投资机构、科技服务机构和用户相互依存和相互激励，共同形成支撑新兴产业发展的创新生态系统。雄安新区可以借鉴美国硅谷和我国深圳的经验模式，以新兴产业为先导，培育创新生态系统，为先进制造业和高端服务业集聚和发展提供源源不断的内生动力。

第五节 雄安新区产业转型升级的政策建议

为更好促进雄安新区产业转型升级，发挥对全国其他地区的示范带动效应，提出如下政策建议。

一、以新发展理念引领产业高质量发展

以新发展理念引领高质量发展，是雄安新区破解产业发展难题、增强产业发展动力、厚植产业发展优势的根本要求，是当前和今后一段时期产业转型升级的政策发力点。具体而言，就是在产业发展过程中牢固树立创新、协调、绿色、开放、共享的新发展理念，坚持以人民为中心，把雄安新区建设成为绿色生态宜居新城区、创新驱动发展引领区、协调发展示范区和开放发展先行区。按照高质量发展要求，突出问题和目标导向，以科技创新推动产业提质增效，以协同创新推动产业跨越赶超，以体制机制创新集聚高端高新产业，以构建区域产业链促进产业协同发展，以嵌入全球价值链实现产业开放发展，以资源环境硬约束引导产业绿色发展，以提高供给质量和优化供给结构满足人民日益增长的美好生活需要。

二、高点承接北京非首都功能疏解和产业转移

雄安新区应结合自身功能需求，按照《河北雄安新区规划纲要》明确的承接重点，高起点、高门槛承接北京非首都功能疏解和产业升级转移。在扮演好"北京非首都功能疏解集中承载地"角色的基础上，争取成为"首都功能拓展区"，将北京文化中心和科技创新中心部分职能延伸至雄安新区。主动对接北京"全国科技创新中心"这一核心功能，吸纳集聚北京高端创新人才和科技创新资源，打造"京津冀协同创新共同体"和"京津雄创新三角"，为承接北京高端高新产业提供科技支撑。将北京服务业扩大开放综合试点政策拓展至雄安新区，推动雄安新区在科技、教育、文化、信息、金融、商务、旅游、医疗等重点领域扩大开放。以公共服务为突破口，破除制约人才流动和发展的体制机制障碍，在户籍、教育、医疗等重点领域率先突破，构建整体上与北京均等化、在某些方面超越北京的公共服务体系，形成对北京的"反磁力中心"。

三、推进传统产业迈上全球价值链中高端

在雄安新区新兴产业尚未形成稳定的集聚态势之前，不宜过分强调"腾笼换鸟"或"跨越赶超"，切忌一切"推倒重来"式的产业发展模式，防范

比较优势断档带来的产业风险。要合理把握传统产业转型升级的节奏和力度，统筹谋划产业转型升级的时间表和路线图，正确处理发展和稳定的关系。基于现有产业基础和资源禀赋条件，改造提升符合发展定位、有发展前景的传统产业，搬迁退出不符合发展定位的低端落后产业，推进雄安新区传统产业向数字化、网络化、智能化和绿色化方向发展。加快转变经济发展方式，推动传统产业质量变革、效率变革和动力变革。以全球价值链引领产业结构调整，推进制造业迈上全球价值链中高端，促进服务业扩大开放。聚焦制造业技术领域"痛点"和"堵点"，依托我国超大规模市场优势和雄安新区特有的制度优势，引进全球创新要素资源，培育关键产业技术竞争新优势，促进制造业向全球价值链中高端攀升。顺应我国产业开放重点领域从制造业转向服务业的新趋势，把雄安新区打造成我国服务业扩大开放的新高地。把握新一轮科技革命和产业变革带来的战略机遇，利用新技术、新模式和新业态赋能传统产业转型升级，促进新一代信息技术和传统产业深度融合。

四、推动战略性新兴产业融合集群发展

把握新一轮科技革命和产业变革趋势，按照《河北雄安新区规划纲要》明确的产业发展重点，大力发展新一代信息技术产业、现代生命科学和生物技术产业、新材料产业、高端现代服务业和绿色生态农业。围绕智慧城市和数字城市建设，超前规划布局一些未来产业，率先推进"大智移云"的技术研发和产业化，率先推进5G技术在雄安新区大规模商用，超前布局区块链、太赫兹和认知计算等。依托雄安新区产业发展规划，优化高端高新产业空间布局，按照产业关联和产业链发展需求，推动创新要素资源、龙头和配套企业向产业园区集聚，形成组团发展、各具特色、分工协作、优势互补的产业集群和产业集聚区，培育高端高新产业竞争新优势。高端高新产业发展依赖的核心要素禀赋是人力资本、知识技术和数据信息，雄安新区需要加大基础教育和高等教育投入，不断提高劳动者的技能水平，通过自主创新获得高端高新产业的核心技术，掌握高端高新产业全球价值链的战略制高点。

五、促进产业协同集聚与区域协调

雄安新区要主动对接新发展格局，构建自主可控的国内产业链，打造跨

区域的新兴产业链集群，着力提升产业链供应链韧性和安全水平，实现产业协同集聚与区域协调发展。通过两个"两翼"带动，形成优势互补、高质量发展的区域产业发展格局。作为北京"两翼"中的重要"一翼"，雄安新区要与北京城市副中心在功能上错位发展，在产业上分工合作，在承接北京非首都功能疏解和产业升级转移上有所侧重，最终形成区域间合理分工、联动发展的产业协同发展模式。作为河北"两翼"中的重要"一翼"，雄安新区要发挥"创新驱动发展引领翼"的作用，促进"中部核心功能区"的崛起，辐射带动"南部功能拓展区"的发展，与作为"绿色发展示范翼"的张北地区共同串起"三轴""四区"和多个重要城市节点，探索出一条与周边地区产业协同集聚与协调发展之路。

六、加快构建产业创新生态系统

雄安新区只有尽快培育和完善产业创新生态系统，才能够实现产业高端化发展的"惊险一跃"，形成雄安新区在高端高新产业领域新的竞争优势。雄安新区要营造多区域联动、多主体协同和多要素流动的创新生态系统，形成鼓励创新和宽容失败的社会氛围，构建激励创新创业的体制机制，为新兴产业培育壮大提供源源不断的动力来源。一是要借力京津科技资源密集的优势，实施"人才特区"政策，吸纳集聚京津乃至全球高端创新人才和先进适用技术，形成创新要素集聚高地。二是以高校、科研院所、企业为重点，积极培育创新主体，吸引"双一流"高校到雄安新区办学，以新机制、新模式建设雄安大学，提高源头创新和自主创新能力，激发企业创新活力。三是建设国际一流的科技创新平台，推进国家实验室、国际技术创新中心和大科学装置在雄安新区布局。四是打通从知识创新、技术创新、技术孵化、产品创新、产业创新到商业模式创新和市场创新的通道，推动知识链、创新链、资金链、产业链和政策链的深度融合，形成"政—产—学—研—用—资"协同创新体系。五是推进雄安新区与京津及周边地区协同创新，加强与北京"三城一区"、天津国家自主创新示范区、石保廊全面创新改革试验区、京南国家科技成果转移转化示范区等合作对接，打造"京津冀协同创新共同体"和"京津雄创新三角"。六是面向全球构建开放创新体系，加强国际科技合作，鼓励国际合作办学，创新国际科技合作模式，吸引科技创新领域的国际组织落户雄安新区，打造国际科技合作先行区。七是加强知识产权保护，发挥产权激励作用，引导和帮助企业申请国际专利尤其是标准必要专利，形成新一代信息技术等产业领域的竞争优势。八是弘扬"敢闯敢试、敢为人先"的改革精神，营造"鼓励创新、宽容失败"的创新氛围，打造有利于创新创业的市场环境，培养企业家精神，让创新成为雄安新区的鲜明标识。

第六节　雄安新区产业转型升级的制度保障

雄安新区是我国新时代的"制度创新试验田"，具有在产业转型升级领域进行制度创新试验的先行先试优势。习近平总书记强调："雄安新区现在还是一张白纸。受到各方面利益牵绊较少，要发扬改革创新精神，建立体制机制新高地。"① 雄安新区可以通过发挥"制度创新试验田"的作用，建立中央顶层设计和地方实践探索相结合的央地良性互动机制，打破制约产业转型升级的体制机制障碍，形成有利于传统产业升级、新兴产业集聚、产业融合发展的制度环境，为雄安新区产业转型升级提供制度保障，为全国其他地区产业转型升级提供可复制推广的制度创新成果。

一、赋予新区更大改革创新自主权

在符合中央全面深化改革部署要求的前提下，赋予雄安新区更大的自主发展权、自主改革权和自主创新权。围绕制约产业转型升级的重点领域和关键环节，在雄安新区开展系统性、整体性和协同性的改革试验。及时梳理总结雄安新区产业转型升级的先进经验和成熟做法，并在全国其他地区复制推广雄安新区的制度创新成果。理顺雄安新区管委会与保定市政府、河北省政府、北京市政府的行政关系，理顺雄安新区内部行政管理体制和部门间的关系，探索建立行政区与功能区融合发展的体制机制，避免"虚权管理""多头管理"和"交叉管理"，避免功能区碎片化和同质化建设。

---

① 周誉东. 以绿色笔触擘画雄安新区"千年大计"：解读国务院关于雄安新区和白洋淀生态保护工作情况的报告 [J]. 中国人大，2021，532（16）：27-30.

二、深化重点领域制度改革创新

深化重点领域制度改革创新，推进雄安新区从"政策洼地"转变为"体制机制创新高地"。改革行政管理体制，在当前大部制改革基础上，建立一套高效运转的行政管理体制，包括扁平化管理制度、权力清单制度、负面清单制度、行政审批制度和事中事后监管制度等，形成"放管服"改革的示范区，全面提升政府管理效能。改革科技创新体制机制，重点推进多区域多主体协同创新，军民融合协同创新，科研资源管理、科研项目评价、科技成果转化、职务发明科技成果权属混合所有制改革等领域的体制机制创新。改革招商引资和招才引智的体制机制，不断优化营商环境，充分尊重市场规律和规则，建立完善现代企业制度，推进转移至雄安新区的国有企业混合所有制改革，鼓励支持民营企业和社会资本参与新区建设，给各类市场主体投资兴业吃上"定心丸"。建立区域产业协同发展机制，打破"一亩三分地"的惯性思维和以 GDP 为主的政绩考核机制，着力推进区域产业对接协作和联动发展，努力实现区域优势互补和互利共赢。开展双创示范基地、自由贸易试验区、服务业扩大开放、军民融合、开放型经济新体制等制度创新综合试点，建立改革创新的激励机制和容错纠错机制。

三、处理好政府与市场的关系

十八届三中全会指出："经济体制改革是全面深化改革的重点，核心问题是处理好政府和市场的关系，使市场在资源配置中起决定性作用和更好发挥政府作用。"政府和市场在资源配置和经济社会发展中的作用犹如车之两轮，不可偏废，更不可将两者割裂对立起来。雄安新区是规划出来的"未来之城"，具有"非首都功能疏解集中承载地""首都功能拓展区"和"制度创新试验田"等典型特征。在高起点规划、高标准建设的初期阶段，要更好发挥高能级政府在顶层设计、规划引导、统筹协调、重点推进和政策保障等方面的作用，打破制约要素流动和市场发挥作用的体制机制障碍。在承接北京非首都功能疏解和产业升级转移方面，要充分发挥高能级政府作用，依靠制度创新和政策扶持，确保北京优质功能和高端产业"转得出、留得住、发展得好"。在传统产业转型升级方面，采取市场化的激励机制和倒逼机制推进传统产业加工制造环节外迁和技术改造提升，尽量避免采用完全行政化的手段和"一刀切"的办法。在新兴产业集聚方面，单靠市场机制难以实现新兴产业"无中生有"和"平地起高楼"，需要有为政府与有效市场协同发力，在非首都功能承接中促进产业提质升级，在创新生态营造中实现产业集聚发展，通过"外引内培"形成新兴产业集群。随着雄安新区基础设施完善、公共服务提升、创新生态形成和产业集聚优势显现，需要明确政府和市场边界，更多发挥市场配置资源的决定性作用，推进政府从发展型政府向市场增进型、服务型和法治型政府转变。

主要参考文献

一、中文专著

[1] 阿尔弗雷德·马歇尔. 经济学原理 [M]. 朱志泰, 陈良璧, 译. 北京: 商务印书馆, 2007.

[2] 安纳利·萨克森宁. 地区优势: 硅谷和 128 公路地区的文化与竞争 [M]. 曹蓬, 杨宇光, 译. 上海: 上海远东出版社, 2000.

[3] 李钟文, 威廉·米勒, 玛格丽特·韩柯可, 等. 硅谷优势: 创新与创业精神的栖息地 [M]. 北京: 科学技术文献出版社, 1999.

[4] 迈克尔·波特. 国家竞争优势 [M]. 李明轩, 邱如美, 译. 北京: 中信出版社, 2012.

[5] 青木昌彦, 安藤晴彦. 模块时代: 新产业结构的本质 [M]. 周国荣, 译. 上海: 远东出版社, 2003.

[6] 王缉慈. 创新的空间: 企业集群与区域发展 [M]. 北京: 北京大学出版社, 2001.

[7] 约瑟夫·熊彼特. 经济发展理论 [M]. 何畏, 易家祥, 张军扩, 译. 北京: 商务印书馆, 1997.

二、中文期刊

[1] 安虎森. 城市经济学的一些理论问题 [J]. 河北经贸大学学报, 2022, 43 (4).

[2] 安虎森. 区域经济学的一些理论问题 [J]. 河北经贸大学学报, 2022, 43 (1).

[3] 安树伟, 肖金成. 京津冀协同发展: 北京的"困境"与河北的"角

色"［J］. 广东社会科学, 2015 (4).

［4］白俊红, 蒋伏心. 协同创新、空间关联与区域创新绩效［J］. 经济研究, 2015, 50 (7).

［5］薄文广, 陈飞. 京津冀协同发展: 挑战与困境［J］. 南开学报 (哲学社会科学版), 2015 (1).

［6］薄文广, 殷广卫. 京津冀协同发展: 进程与展望［J］. 南开学报 (哲学社会科学版), 2017 (6).

［7］蔡之兵. 雄安新区的战略意图、历史意义与成败关键［J］. 中国发展观察, 2017 (8).

［8］曹虹剑, 贺正楚, 熊勇清. 模块化、产业标准与创新驱动发展: 基于战略性新兴产业的研究［J］. 管理科学学报, 2016, 19 (10).

［9］曹虹剑, 李睿, 贺正楚. 战略性新兴产业集群组织模块化升级研究: 以湖南工程机械产业集群为例［J］. 财经理论与实践, 2016, 37 (2).

［10］曹虹剑, 张建英, 刘丹. 模块化分工、协同与技术创新: 基于战略性新兴产业的研究［J］. 中国软科学, 2015 (7).

［11］曹清峰. 国家级新区对区域经济增长的带动效应: 基于 70 大中城市的经验证据［J］. 中国工业经济, 2020 (7).

［12］曹洋, 柳天恩, 母爱英. 京津冀构建区域产业价值链驱动产业升级研究［J］. 中共石家庄市委党校学报, 2021, 23 (6).

［13］常纪文. 雄安新区的科学定位与绿色发展路径［J］. 党政研究, 2017 (3).

［14］陈劲, 阳银娟. 协同创新的理论基础与内涵［J］. 科学学研究, 2012, 30 (2).

［15］陈璐. 雄安新区打造高质量发展全国样板的经验与启示［J］. 共产党员 (河北), 2022 (7).

［16］陈莎莉, 张纯. 基于技术标准的全球价值链治理框架下集群升级阻滞研究［J］. 科技管理研究, 2013 (7).

［17］陈维忠. 国内价值链构建下地方产业集群升级机理研究［J］. 地域研究与开发, 2012 (3).

［18］陈耀. 基于京津冀协同发展的雄安新区产业定位思考［J］. 贵州省党校学报, 2017 (4).

［19］陈耀．新时代我国区域协调发展战略若干思考［J］．企业经济，2018，37（2）．

［20］陈永国，董葆茗，柳天恩．京津冀协同治理雾霾的"经济—社会—技术"政策工具选择［J］．经济与管理，2017，31（5）．

［21］程必定，郝寿义，陈耀，等．雄安新区与中国区域协调发展［J］．区域经济评论，2017（5）．

［22］崔丹，吴昊，吴殿廷．京津冀协同治理的回顾与前瞻［J］．地理科学进展，2019，38（1）．

［23］崔新健，崔志新．多区域协同创新演化路径研究：构建3×3区域协同创新模式［J］．经济社会体制比较，2018（3）．

［24］戴翔，金碚．产品内分工、制度质量与出口技术复杂度［J］．经济研究，2014，49（7）．

［25］邓仲良，张可云．中国经济增长的空间分异为何存在？：一个空间经济学的解释［J］．经济研究，2020，55（4）．

［26］董树功．协同与融合：战略性新兴产业与传统产业互动发展的有效路径［J］．现代经济探讨，2013（2）．

［27］樊纲．"发展悖论"与"发展要素"：发展经济学的基本原理与中国案例［J］．经济学动态，2019（6）．

［28］范剑勇，刘念，刘莹莹．地理距离、投入产出关系与产业集聚［J］．经济研究，2021，56（10）．

［29］方大春，马为彪．雄安新区建设对京津冀城市群空间结构影响研究——基于社会网络分析［J］．经济与管理，2018（4）．

［30］冯德连．全球价值链下中国劳动密集型产业集群升级机制与策略［J］．江淮论坛，2017（2）．

［31］辜胜阻，李洪斌，王敏．构建让创新源泉充分涌流的创新机制［J］．中国软科学，2014（1）．

［32］辜胜阻，杨嵋，庄芹芹．创新驱动发展战略中建设创新型城市的战略思考：基于深圳创新发展模式的经验启示［J］．中国科技论坛，2016（9）．

［33］国务院发展研究中心课题组，马建堂，张军扩．充分发挥"超大规模性"优势 推动我国经济实现从"超大"到"超强"的转变［J］．管理世

界，2020，36（1）.

　　［34］韩峰，李玉双.产业集聚、公共服务供给与城市规模扩张［J］.经济研究，2019，54（11）.

　　［35］韩永辉，黄亮雄，王贤彬.产业政策推动地方产业结构升级了吗?：基于发展型地方政府的理论解释与实证检验［J］.经济研究，2017，52（8）.

　　［36］郝寿义，曹清峰.国家级新区在区域协同发展中的作用：再论国家级新区［J］.南开学报（哲学社会科学版），2018（2）.

　　［37］郝寿义.雄安新区与我国国家级新区的转型与升级［J］.经济学动态，2017（7）.

　　［38］何郁冰.产学研协同创新的理论模式［J］.科学学研究，2012，30（2）.

　　［39］贺灿飞.区域产业发展演化：路径依赖还是路径创造？［J］.地理研究，2018，37（7）.

　　［40］洪银兴.参与全球经济治理：攀升全球价值链中高端［J］.南京大学学报（哲学·人文科学·社会科学），2017，54（4）.

　　［41］洪银兴.围绕产业链部署创新链：论科技创新与产业创新的深度融合［J］.经济理论与经济管理，2019（8）.

　　［42］洪银兴.创新驱动攀升全球价值链中高端［J］.经济学家，2017（12）.

　　［43］侯茂章，朱玉林.湖南高新技术产业集群嵌入全球价值链与升级研究［J］.软科学，2012（4）.

　　［44］胡大立.我国产业集群全球价值链"低端锁定"战略风险及转型升级路径研究［J］.科技进步与对策，2016（3）.

　　［45］胡曙虹，黄丽，杜德斌.全球科技创新中心构建的实践：基于三螺旋和创新生态系统视角的分析：以硅谷为例［J］.上海经济研究，2016（3）.

　　［46］胡晓鹏.产品模块化：动因、机理与系统创新［J］.中国工业经济，2007（12）.

　　［47］黄海霞，陈劲.创新生态系统的协同创新网络模式［J］.技术经济，2016，35（8）.

[48] 黄群慧. 京津冀协同发展中的雄安新区产业定位 [J]. 经济研究参考, 2018 (1).

[49] 黄速建, 肖红军, 王欣. 论国有企业高质量发展 [J]. 中国工业经济, 2018 (10).

[50] 黄先海, 张胜利. 中国战略性新兴产业的发展路径选择: 大国市场诱致 [J]. 中国工业经济, 2019 (11).

[51] 江飞涛, 李晓萍. 当前中国产业政策转型的基本逻辑 [J]. 南京大学学报 (哲学·人文科学·社会科学), 2015, 52 (3).

[52] 江曼琦, 刘晨诗. 基于提升产业链竞争力的京津冀创新链建设构想 [J]. 河北学刊, 2017, 37 (5).

[53] 江小涓, 罗立彬. 网络时代的服务全球化: 新引擎、加速度和大国竞争力 [J]. 中国社会科学, 2019 (2).

[54] 江小涓, 孟丽君. 内循环为主、外循环赋能与更高水平双循环: 国际经验与中国实践 [J]. 管理世界, 2021, 37 (1).

[55] 金碚. 关于"高质量发展"的经济学研究 [J]. 中国工业经济, 2018 (4).

[56] 荆林波, 袁平红. 全球价值链变化新趋势及中国对策 [J]. 管理世界, 2019, 35 (11).

[57] 冷宣荣. 高质量发展视阈下京津冀产业政策转型与优化路径研究 [J]. 经济与管理, 2020, 34 (4).

[58] 李峰. 雄安新区与京津冀协同创新的路径选择 [J]. 河北大学学报 (哲学社会科学版), 2017, 42 (6).

[59] 李跟强, 潘文卿. 国内价值链如何嵌入全球价值链: 增加值的视角 [J]. 管理世界, 2016 (7).

[60] 李国平, 宋昌耀. 雄安新区高质量发展的战略选择 [J]. 改革, 2018 (4).

[61] 李国平. 京津冀产业协同发展的战略定位及空间格局 [J]. 前线, 2017 (12).

[62] 李靖. 新型产业分工、功能专业化与区域治理: 基于京津冀地区的实证研究 [J]. 中国软科学, 2015 (3).

[63] 李兰冰, 郭琪, 吕程. 雄安新区与京津冀世界级城市群建设 [J].

南开学报（哲学社会科学版），2017（4）.

　　[64] 李兰冰，刘秉镰."十四五"时期中国区域经济发展的重大问题展望 [J]. 管理世界，2020，36（5）.

　　[65] 李兰冰. 雄安新区的历史地位与成长路径 [J]. 经济学动态，2017（7）.

　　[66] 李善同. 通过协同创新快速融入京津创新体系：向价值链和产业链的高端延伸 [J]. 经济与管理，2015，29（1）.

　　[67] 李世杰，胡国柳，高健. 转轨期中国的产业集聚演化：理论回顾、研究进展及探索性思考 [J]. 管理世界，2014（4）.

　　[68] 李万，常静，王敏杰，等. 创新3.0与创新生态系统 [J]. 科学学研究，2014（12）.

　　[69] 李玮. 全球价值链理论和发展中国家产业升级问题研究 [J]. 工业技术经济，2017（1）.

　　[70] 李晓华."新经济"与产业的颠覆性变革 [J]. 财经问题研究，2018（3）.

　　[71] 李晓华. 模块化、模块再整合与产业格局的重构：以山寨手机的崛起为例 [J]. 中国工业经济，2010（7）.

　　[72] 李亚林. 基于区域品牌视角下的产业集群升级路径及对策研究 [J]. 经济与管理，2012（12）.

　　[73] 梁军. 产业模块化与中国制造业产业升级 [J]. 社会科学辑刊，2007（1）.

　　[74] 梁威，刘满凤. 我国战略性新兴产业与传统产业耦合协调发展及时空分异 [J]. 经济地理，2017（4）.

　　[75] 林毅夫，巫和懋，邢亦青."潮涌现象"与产能过剩的形成机制 [J]. 经济研究，2010（10）.

　　[76] 林毅夫，向为，余淼杰. 区域型产业政策与企业生产率 [J]. 经济学（季刊），2018，17（2）.

　　[77] 刘兵，曾建丽，梁林，等. 雄安新区引进高端人才的博弈分析 [J]. 经济与管理，2018，32（2）.

　　[78] 刘秉镰，朱俊丰，周玉龙. 中国区域经济理论演进与未来展望 [J]. 管理世界，2020，36（2）.

[79] 刘秉镰. 雄安新区与京津冀协同开放战略 [J]. 经济学动态, 2017 (7).

[80] 刘红玉, 胡钦如蓝. 雄安新区创新驱动发展模式选择: 基于两大后发创新城市的借鉴 [J]. 河北学刊, 2017 (4).

[81] 刘戒骄. 京津冀产业协同发展的动力来源与激励机制 [J]. 区域经济评论, 2018 (6).

[82] 刘瑞明, 赵仁杰. 国家高新区推动了地区经济发展吗?: 基于双重差分方法的验证 [J]. 管理世界, 2015 (8).

[83] 刘雪芹, 张贵. 京津冀产业协同创新路径与策略 [J]. 中国流通经济, 2015, 29 (9).

[84] 刘雪芹, 张贵. 创新生态系统: 创新驱动的本质探源与范式转换 [J]. 科技进步与对策, 2016 (20).

[85] 刘志彪, 吴福象. "一带一路" 倡议下全球价值链的双重嵌入 [J]. 中国社会科学, 2018 (8).

[86] 刘志彪, 张杰. 从融入全球价值链到构建国家价值链: 中国产业升级的战略思考 [J]. 学术月刊, 2009 (9).

[87] 刘志彪. 从全球价值链转向全球创新链: 新常态下中国产业发展新动力 [J]. 学术月刊, 2015, 47 (2).

[88] 刘志彪. 以国内价值链的构建实现区域经济协调发展 [J]. 广西财经学院学报, 2017, 30 (5).

[89] 柳天恩, 田学斌, 曹洋. 国家级新区影响地区经济发展的政策效果评估: 基于双重差分法的实证研究 [J]. 财贸研究, 2019, 30 (6).

[90] 柳天恩, 田学斌. 京津冀协同发展: 进展、成效与展望 [J]. 中国流通经济, 2019, 33 (11).

[91] 柳天恩, 王利勤. 京津冀产业转移的重要进展与困境摆脱 [J]. 区域经济评论, 2022 (1).

[92] 柳天恩, 王利勤, 刘蕊. 雄安新区与周边地区产业协同发展的路径选择 [J]. 商业经济研究, 2022 (22).

[93] 柳天恩, 武义青. 雄安新区产业高质量发展的内涵要求、重点难点与战略举措 [J]. 西部论坛, 2019, 29 (4).

[94] 柳天恩, 张泽波. 雄安新区承接北京非首都功能的进展、问题与对

策 [J]. 改革与战略, 2021, 37 (7).

[95] 柳天恩, 周彬, 周志强. 河北省精准承接北京市制造业转移的行业选择 [J]. 中国流通经济, 2016, 30 (4).

[96] 柳天恩. 京津冀协同发展: 困境与出路 [J]. 中国流通经济, 2015, 29 (4).

[97] 柳天恩. 雄安新区规划建设的示范价值、理论创新与未来展望 [J]. 区域经济评论, 2021 (2).

[98] 陆铭, 李鹏飞, 钟辉勇. 发展与平衡的新时代: 新中国 70 年的空间政治经济学 [J]. 管理世界, 2019, 35 (10).

[99] 毛汉英. 京津冀协同发展的机制创新与区域政策研究 [J]. 地理科学进展, 2017, 36 (1).

[100] 孟广文, 金凤君, 李国平, 等. 雄安新区: 地理学面临的机遇与挑战 [J]. 地理研究, 2017, 36 (6).

[101] 孟美侠, 曹希广, 张学良. 开发区政策影响中国产业空间集聚吗: 基于跨越行政边界的集聚视角 [J]. 中国工业经济, 2019 (11).

[102] 孟卫东, 吴振其, 司林波. 雄安新区绿色智慧新城建设方略探讨 [J]. 行政管理改革, 2017 (7).

[103] 孟祥林. "分散布局" 与 "分步发展": 雄安新区城镇体系与子城镇团构建 [J]. 廊坊师范学院学报 (社会科学版), 2017 (2).

[104] 倪红福, 夏杰长. 中国区域在全球价值链中的作用及其变化 [J]. 财贸经济, 2016 (10).

[105] 倪岳峰. 激活科技创新动力源 打造河北发展新引擎 [J]. 共产党员 (河北), 2022 (13).

[106] 钱方明. 基于 NVC 的长三角传统制造业升级机理研究 [J]. 科研管理, 2013 (4).

[107] 钱颖一. 硅谷的故事: 关于硅谷的学术研究 [J]. 现代工业经济和信息化, 2011 (4).

[108] 任保平, 文丰安. 新时代中国高质量发展的判断标准、决定因素与实现途径 [J]. 改革, 2018 (4).

[109] 阮建青, 石琦, 张晓波. 产业集群动态演化规律与地方政府政策 [J]. 管理世界 (月刊), 2014 (12).

[110] 盛斌. 中国自由贸易试验区的评估与展望 [J]. 国际贸易, 2017 (6).

[111] 石敏俊. 京津冀建设世界级城市群的现状、问题和方向 [J]. 中共中央党校学报, 2017, 21 (4).

[112] 石敏俊, 林思佳. 协同拓新 雄安使命: 第三届浙江大学雄安发展论坛综述 [J]. 经济与管理, 2021, 35 (5).

[113] 司林波, 吴振其. 对雄安新区与周边地区协同发展的探讨 [J]. 中国行政管理, 2017 (12).

[114] 苏东坡, 柳天恩, 曹洋. 模块化视角下河南省传统汽车与新能源汽车产业融合发展研究 [J]. 新疆财经, 2019 (3).

[115] 苏东坡, 柳天恩, 李永良. 模块化、全球价值链与制造业集群升级路径 [J]. 经济与管理, 2018, 32 (4).

[116] 孙兵. 京津冀协同发展区域管理创新研究 [J]. 管理世界, 2016 (7).

[117] 孙久文. 雄安新区在京津冀协同发展中的定位 [J]. 甘肃社会科学, 2019 (2).

[118] 孙久文, 姚鹏. 京津冀产业空间转移、地区专业化与协同发展:基于新经济地理学的分析框架 [J]. 南开学报 (哲学社会科学版), 2015 (1).

[119] 孙久文, 张可云, 安虎森, 等. "建立更加有效的区域协调发展新机制" 笔谈 [J]. 中国工业经济, 2017 (11).

[120] 孙久文. 雄安新区的意义、价值与规划思路 [J]. 经济学动态, 2017 (7).

[121] 孙彦明. 京津冀产业协同发展的路径及对策 [J]. 宏观经济管理, 2017 (9).

[122] 覃毅. 雄安新区传统产业的功能定位与转型升级 [J]. 改革, 2019 (1).

[123] 田学斌, 曹洋. 雄安新区规划建设的进展、困境与突破 [J]. 区域经济评论, 2021 (2).

[124] 田学斌, 柳天恩, 武星. 雄安新区构建创新生态系统的思考 [J]. 行政管理改革, 2017 (7).

[125] 田学斌，柳天恩，周彬．新形势下我国产业转型升级认识纠偏和政策调适［J］．当代经济管理，2019，41（7）．

[126] 田学斌，柳天恩．创新驱动雄安新区传统产业转型升级的路径［J］．河北大学学报（哲学社会科学版），2018，43（4）．

[127] 田学斌，柳天恩．京津冀协同创新的重要进展、现实困境与突破路径［J］．区域经济评论，2020（4）．

[128] 佟家栋，谢丹阳，包群，等．"逆全球化"与实体经济转型升级笔谈［J］．中国工业经济，2017（6）．

[129] 万晓琼．区域、市场、政府协调整合的区域发展研究［J］．河北学刊，2020，40（6）．

[130] 王德建．模块化生产与中国地方产业集群升级研究［J］．东岳论丛，2010（12）．

[131] 王金杰，周立群．非首都功能疏解与津冀承接平台的完善思路：京津冀协同发展战略实施五周年系列研究之一［J］．天津社会科学，2019（1）．

[132] 王金营，贾娜．雄安新区产业发展与人力资源适应配置研究：对比硅谷启迪雄安发展［J］．燕山大学学报（哲学社会科学版），2019，20（4）．

[133] 王如玉，梁琦，李广乾．虚拟集聚：新一代信息技术与实体经济深度融合的空间组织新形态［J］．管理世界，2018，34（2）．

[134] 王勇．"十四五"时期中国产业升级的新机遇与新挑战：新结构经济学的视角［J］．国际经济评论，2021（1）．

[135] 王勇，陈诗一，朱欢．新结构经济学视角下产业结构的绿色转型：事实、逻辑与展望［J］．经济评论，2022（4）．

[136] 王勇，樊仲琛，李欣泽．禀赋结构、研发创新和产业升级［J］．中国工业经济，2022（9）．

[137] 王勇，汤学敏．结构转型与产业升级的新结构经济学研究：定量事实与理论进展［J］．经济评论，2021（1）．

[138] 魏丽华．京津冀产业协同水平测度及分析［J］．中国流通经济，2018，32（7）．

[139] 文余源，王芝清，孙久文．区域经济学演进的历史回顾与未来展

望 [J] . 学习与实践, 2022 (9) .

[140] 武义青, 柳天恩, 窦丽琛 . 建设雄安创新驱动发展引领区的思考 [J] . 经济与管理, 2017, 31 (3) .

[141] 武义青, 柳天恩 . 雄安新区精准承接北京非首都功能疏解的思考 [J] . 西部论坛, 2017, 27 (5) .

[142] 武义青, 张云, 柳天恩 . 怎样筹建雄安大学 [J] . 前线, 2019 (4) .

[143] 武义青, 柳天恩, 窦丽琛 . 建设雄安创新驱动发展引领区的思考 [J] . 经济与管理, 2017, 31 (3) .

[144] 席强敏, 李国平 . 京津冀生产性服务业空间分工特征及溢出效应 [J] . 地理学报, 2015, 70 (12) .

[145] 肖金成, 安树伟 . 从区域非均衡发展到区域协调发展: 中国区域发展 40 年 [J] . 区域经济评论, 2019 (1) .

[146] 肖金成 . 雄安新区: 定位、规划与建设 [J] . 领导科学论坛, 2017 (16) .

[147] 徐朝阳, 林毅夫 . 发展战略与经济增长 [J] . 中国社会科学, 2010 (3) .

[148] 徐现祥, 王贤彬, 高元骅 . 中国区域发展的政治经济学 [J] . 世界经济文汇, 2011 (3) .

[149] 徐永利 . 雄安新区传统产业转型升级的思考 [J] . 河北大学学报 (哲学社会科学版), 2018 (1) .

[150] 徐振强 . 中国的智慧城市建设与智慧雄安的有效创新 [J] . 区域经济评论, 2017 (4) .

[151] 颜廷标 . 基于中观视角的京津冀协同创新模式研究 [J] . 河北学刊, 2016, 36 (2) .

[152] 杨宏山 . 首都功能疏解与雄安新区发展的路径探讨 [J] . 中国行政管理, 2017 (9) .

[153] 杨开忠 . 京津冀协同发展的新逻辑: 地方品质驱动型发展 [J] . 经济与管理, 2019 (1) .

[154] 杨开忠 . 新中国 70 年城市规划理论与方法演进 [J] . 管理世界, 2019, 35 (12) .

[155] 杨开忠. 雄安新区规划建设要处理好的几个重要关系 [J]. 经济学动态, 2017 (7).

[156] 叶堂林, 毛若冲. 京津冀科技创新与产业结构升级耦合 [J]. 首都经济贸易大学学报, 2019, 21 (6).

[157] 叶堂林, 祝尔娟. 京津冀科技协同创新的基本态势 [J]. 人民论坛, 2019 (12).

[158] 叶伟巍, 梅亮, 李文, 等. 协同创新的动态机制与激励政策: 基于复杂系统理论视角 [J]. 管理世界, 2014 (6).

[159] 叶振宇. 河北雄安新区构建新型创新体系的战略思考 [J]. 河北师范大学学报 (哲学社会科学版), 2019, 42 (1).

[160] 叶振宇. 雄安新区与京、津、冀的关系及合作途径 [J]. 河北大学学报 (哲学社会科学版), 2017 (4).

[161] 曾国屏, 苟尤钊, 刘磊. 从 "创新系统" 到 "创新生态系统" [J]. 科学学研究, 2013, 31 (1).

[162] 张春雷. 雄安新区承接北京非首都功能疏解支撑体系的构建 [J]. 河北大学学报 (哲学社会科学版), 2017 (6).

[163] 张二震, 戴翔. 数字赋能中国全球价值链攀升: 何以可能与何以可为 [J]. 阅江学刊, 2022, 14 (1).

[164] 张贵, 李涛, 原慧华. 京津冀协同发展视阈下创新创业生态系统构建研究 [J]. 经济与管理, 2017, 31 (6).

[165] 张贵, 温科. 基于 "三螺旋" 的京津冀协同创新网络构建研究 [J]. 河北经贸大学学报, 2017, 38 (6).

[166] 张杰, 刘志彪. 制度约束、全球价值链嵌入与我国地方产业集群升级 [J]. 当代财经, 2008 (9).

[167] 张杰, 郑文平. 全球价值链下中国本土企业的创新效应 [J]. 经济研究, 2017, 52 (3).

[168] 张可云, 蔡之兵. 北京非首都功能的内涵、影响机理及其疏解思路 [J]. 河北学刊, 2015, 35 (3).

[169] 张可云, 蔡之兵. 京津冀协同发展历程、制约因素及未来方向 [J]. 河北学刊, 2014, 34 (6).

[170] 张可云, 李晨. 区域派生理论与经验研究进展 [J]. 经济学动

态，2019（12）．

［171］张可云，孙鹏．雄安新区城市发展、空间作用演化与冀中南地区协同［J］．河北学刊，2020，40（6）．

［172］张可云，赵文景．雄安新区高技术产业发展研究［J］．河北学刊，2018，38（5）．

［173］张可云，蔡之兵．北京非首都功能的内涵、影响机理及其疏解思路［J］．河北学刊，2015（3）．

［174］张可云．北京非首都功能的本质与疏解方向［J］．经济社会体制比较，2016（3）．

［175］张可云．设立雄安新区的逻辑和十大关键问题［J］．区域经济评论，2017（5）．

［176］张亚明，刘海鸥．协同创新博弈观的京津冀科技资源共享模型与策略［J］．中国科技论坛，2014（1）．

［177］张永恒，郝寿义．高质量发展阶段新旧动力转换的产业优化升级路径［J］．改革，2018（11）．

［178］张月友，董启昌，倪敏．服务业发展与"结构性减速"辨析：兼论建设高质量发展的现代化经济体系［J］．经济学动态，2018（2）．

［179］赵弘．京津冀协同发展的核心和关键问题［J］．中国流通经济，2014，28（12）．

［180］赵璐，赵作权．中国经济空间转型与新时代全国经济东西向布局［J］．城市发展研究，2018，25（7）．

［181］赵作权，田园，赵璐．网络组织与世界级竞争力集群建设［J］．区域经济评论，2018（6）．

［182］周明生，梅如笛．京津冀区域产业布局与主导产业选择［J］．学习与探索，2016（2）．

［183］祝尔娟．北京在推进京津冀协同发展中应发挥核心引领带动作用［J］．中国流通经济，2014（12）．

［184］祝尔娟，何晶彦．发挥北京协同创新的引领作用［J］．前线，2019（2）．

［185］祝尔娟，何晶彦．京津冀协同创新水平测度与提升路径研究［J］．河北学刊，2020，40（2）．

三、论文、报纸

［1］刘欣．模块化生产网络下中国制造业升级研究［D］．上海：上海社会科学院，2016.

［2］纪良纲．努力打造贯彻落实新发展理念的创新发展示范区［N］．河北日报，2017-04-05（1）．

［3］蒋德嵩．拥抱创新3.0［N］．哈佛商业评论，2013-01-05.

［4］京津冀协同发展领导小组办公室．牢牢把握北京非首都功能疏解"牛鼻子"努力推动京津冀协同发展迈上新台阶取得新成效［N］．人民日报，2021-03-12（11）．

［5］胡家勇．科学准确把握政府与市场关系［N］．经济日报，2017-10-13（13）．

［6］倪岳峰．加快建设经济强省美丽河北［N］．经济日报，2022-11-10（1）．

［7］倪岳峰．加快建设经济强省美丽河北 以实际行动迎接党的二十大胜利召开［N］．学习时报，2022-08-19（1）．

［8］田学斌．持续举全省之力办好"三件大事"［N］．河北日报，2021-12-15（7）．

［9］杨保军．规划新理念［N］．中国城市报，2018-12-03（14）．

［10］叶堂林．体制机制创新：京津冀协同发展的制度保障［N］．学习时报，2019-03-11（5）．

四、英文专著

［1］FREEMAN C. Technology and economic performance：Lessons from Japan［M］．London：Pinter Publishers，1987.

［2］FUJITA M，KRUGMAN P，VENABLES A J. The spatial economy：Cities，Regions，and International trade［M］．Cambridge：The MIT Press，1999.

［3］LUNDVALL B A. National system of innovation：Towards a theory of innovation and interactive learning［M］．London：Pinter Publishers，1992.

［4］NELSON R R. National innovation systems：A comparative analysis

［M］. Oxford：Oxford University Press，1993.

五、英文期刊

［1］ADNER R，KAPOOR R. Value creation in innovation ecosystems：How the structure of technological interdependence affects firm performance in new technology generations ［J］. Strategic Management，2010，31（3）.

［2］ALDER S，SHAO L，ZILIBOTTI F. Economic reforms and industrial policy in a panel of Chinese cities ［J］. Journal of Economic Growth，2016，21（4）.

［3］BALDWIN R E，OKUBO T. Heterogeneous firms，agglomeration and economic geography：Spatial selection and sorting ［J］. Journal of Economic Geography，2006，6（3）.

［4］CASTALDI C，FRENKEN K，LOS B. Related variety，unrelated variety and technological breakthroughs：An analysis of US state－level patenting ［J］. Regional Studies，2015，49（5）.

［5］COOK P. Regional innovation systems：Competitive regulation in the new Europe ［J］. Geoforum，1992，23（3）.

［6］ELLISON G，GLAESER E L，KERR W R. What causes industry agglomeration? Evidence from coagglomeration patterns ［J］. American Economic Review，2010，100（3）.

［7］FISCHER M M. Innovation，knowledge creation and system of innovation ［J］. Analysis of Regional Science，2001，35（2）.

［8］GAUBERT C. Firm sorting and agglomeration ［J］. American Economic Review，2018，108（11）.

［9］GEREFFI G. International trade and industrial upgrading in the apparel commodity chain ［J］. Journal of International Economics，1999，48（1）.

［10］GEREFFI G，HUMPHREY J，STURGEON T J. The governance of global value chains ［J］. Review of International Political Economy，2005，12（1）.

［11］MELITZ M J. The impact of trade on intra－industry real locations and aggregate industry productivity ［J］. Econometrica，2003，71（6）.

［12］ PORTER M E. Location, competition and economic development: Local clusters in the global economy ［J］. Economic Development Quarterly, 2000, 14 (1).

［13］ ROMER P. Increasing returns and long run growth ［J］. Journal of Political Economy, 1986, 94 (5).

［14］ SCHMITZ H, KNORRINGA P. Learning from global buyers ［J］. Journal of Development Studies, 2010, 37 (2).

［15］ ZHU S, GUO Q, HE C. Strong links and weak links: How do unrelated industries survive in an unfriendly environment? ［J］. Economic Geography, 2021 (2).